U0932026

羅秀珍 · 著

李後主的生活與詞作

中華書局

歷代帝王半身像　冊　南唐後主李煜。
（來源：台北故宮博物院）

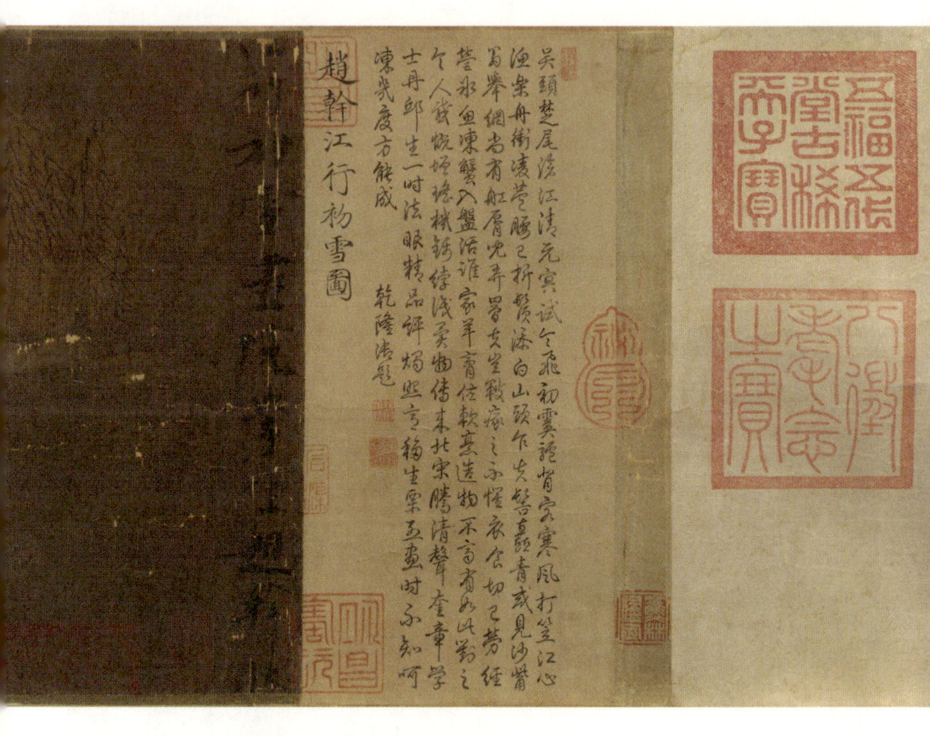

五代南唐趙幹江行初雪圖　卷。
（來源：台北故宮博物院）

李後主題字「江行初雪畫院學生趙幹狀」

明唐寅畫韓熙載夜宴圖　軸。
（來源：台北故宮博物院）

五代南唐周文矩仕女圖　軸。

（來源：台北故宮博物院）

本畫仕女憑欄展卷，身旁一貍奴相伴。

五代南唐周文矩荷亭奕釣仕女圖　軸。
（來源：台北故宮博物院）

界畫亭榭臨池，前後碧柳四垂，二女亭中對奕。亭外池荷盛開，翠葉田田。仕女或倚欄垂釣或持扇觀荷，一派夏日悠閒景象。

五代南唐徐熙花卉草蟲　卷。
（來源：台北故宮博物院）

五代南唐徐熙蓉雀　軸。
（來源：台北故宮博物院）

五代南唐徐熙玉堂富貴圖　軸。
（來源：台北故宮博物院）

五代南唐周文矩仙姬文會圖　卷。
（來源：台北故宮博物院）

本幅描繪宮苑內眾女仙群集文會。

只是朱顏改
問君能有幾多愁
恰似一江春水
向東流

南唐後主李煜虞美人

秉玲女史雅正

甲辰之冬於香江沙田

金耀基

金耀基書法〈虞美人〉全詞

虞美人

春花秋月何時了
往事知多少
小樓昨夜又東風
故國不堪回首月明中
雕闌玉砌應猶在

序一

師姐羅秀珍女士新著《千古詞帝：李後主的生活與詞作》，快將面世，距她《李清照：千秋才女的生活與詞作》的出版已四年了。《李清照：千秋才女的生活與詞作》剛出版，我已敦勸她動手撰寫她另深有研究的李後主。一晃四年，終見新作了。由此見她對著述的認真、謹慎，亦反映她作為一個終身的教育工作者對宏揚中國文學教育的責任心。兩書所擬書名一致，固是姊妹作，也不難窺睹羅師姐對文學家及其作品的研究，重視從其人生經歷去了解。這種的寫作取向對當今的年青人尤其有價值，以作品說作品，未免懸虛。文學與文學家，有其永恆性，也有其時代性。只有切入文學家及其作品的時代背景，才能了解其人及其作品的時代意義與其文學的永恆價值。所謂「讀其書，知其人；知其人，讀其書」。只有這樣才能貼近時代的脈搏，透視文學家的胸臆。

在《李清照：千秋才女的生活與詞作》一書拙序〈結緣李清照〉中，説過：「自少喜歡背誦李清照與李後主的詞，至今雖衰老善忘，背誦的詞，仍是以兩李、東坡和稼軒兩翁為最多」。這種説法，並非出於研究深淺的鍾愛，而純粹出乎文學情懷的感受。拙序又説到「隨着年紀漸長，學殖有所增益，閱世識人也日深，對於少所喜誦的兩李詞，興味漸生差異。對李清照的詞的喜愛如終如一；對李後主的詞，喜趣卻淡薄了」的一段話，這種表述，顯然受自己研究歷史「史鑒」價值傾向的影響。已非「少年不識愁知味……為賦新詞強説愁。」的年紀，年愈古稀，如今捧讀李後主詞，心靈觸動，仍會如納蘭性德所說，「饒煙火迷離之致」，王國維先生所說，「神秀而不失其赤子之心」。這就是文學作品的永恆價值！這就是「千秋才女」、「千古詞帝」值得研讀欣賞的理由。羅師姐撰成此詞人雙璧，於宏揚、普及中國文學意義大矣！

陳萬雄博士

香港饒宗頤文化館名譽館長

序於二〇二五年六月

序二

《千古詞帝：李後主的生活與詞作》是羅秀珍學長繼《李清照：千秋才女的生活與詞作》後又一力作。作者以曉暢易懂的文字、深入淺出的方法，探討了南唐後主李煜的傳奇人生與其詞作之間的深刻聯繫。作者將李煜置於五代十國的宏大歷史畫卷中考察，選取李煜由南唐入宋時期的二十首代表詞作，為讀者講述一個名留百世的亡國之君的悲壯人生。作者筆下的南唐宮廷既是藝術創作的天堂，也是政治敗亡的見證，這種雙重視角使全書的歷史敘寫充滿弔詭的張力：政治上的徹底失敗，成就了李煜藝術上的不朽高峰。

在詞學發展史上，李煜完成了從「花

間派」到「士大夫之詞」的關鍵轉型。王國維在《人間詞話》中的評價極具洞見：「詞至李後主而眼界始大，感慨遂深，遂變伶工之詞而為士大夫之詞。」這種轉變體現在兩個層面：一是將詞從宴飲佐歡的娛樂工具提升為抒發人生慨嘆的嚴肅載體；二是打破「詩莊詞媚」的傳統分野，使詞獲得與詩並駕齊驅的文學地位。李清照後來發展的婉約詞風，正是沿着李煜開闢的道路前行。作者一先一後，選擇了一位詞后、一位詞帝，並結合其生活與詞作，為讀者娓娓道來，可以說是獨具慧眼，令人耳目一新。

作為藝術全才的李煜，其成就遠不止於詞作。作者在書中對李煜藝術成就的看法相當新穎。她考證了「金錯刀」書法獨特的顫筆技法，分析了〈柘竹雙禽圖〉中「鍾隱」題款背後的隱逸情懷，還原了〈霓裳羽衣曲〉的表演場景。這些研究讓我們得以窺見李煜豐富的藝術世界。在作者的帶領下，我們讀到「羅袖裛殘殷色可」時，仿佛還能嗅到一絲宮廷名香的氣息；吟誦「重按霓裳歌遍徹」時，眼前會浮現衣袂飄舉的視覺意象，這或許就是李煜詞作獨特的「通感」本質。

本書最動人心魄的部分，當屬對李煜囚徒時期的解析。作者將〈虞美人〉〈浪淘沙〉等後期詞作稱為「囚徒筆記」，指出這些作品具有雙重反抗意義：用藝術尊嚴對抗政治失敗，用永恆之美對抗現實屈辱。她對「故國不堪回首月明中」的闡釋，超越了傳統的「亡國之思」，昇華為對人類普遍困境的終極關懷。開寶八年（975 年）金陵城破，李煜「肉袒出降」，開始了為期三年的囚徒生涯。這期間詞作，將中國詞學推向難以企及的高度。

〈虞美人〉中「雕欄玉砌應猶在，只是朱顏改」的今昔對比，創造了中國文學中最具感染力的時間意象。當他問「春花秋月何時了」時，實質是在拷問苦難的意義，這種具有哲理意義的追問，使他的詞作超越個人際遇，直探人間的苦難。不同於杜甫「國破山河在」的沉鬱頓挫，李煜的「故國不堪回首月明中」是直抒胸臆，是王國維所說的「赤子之心」最直接的呈現。這種「不隔」的抒情方式，打破了傳統詩教「哀而不傷」的規範，創造出嶄新的審美範式。趙翼「國家不幸詩家幸」的評斷，在李煜的詞作中得到了最徹骨的印證。

不同於枯燥的學術著作，本書充滿文學感染力。當描述李煜與小周后共製「帳中香」時，文字間似有暗香浮動；當寫到汴京囚室「以淚洗面」時，讀者亦覺眼眶濕潤。這種「知性與興味」的完美平衡，體現了作者深厚的學養與文學才華。當我們跟隨作者的筆觸，讀完李煜「四十年來家國」的悲劇人生，終會明白：千載之下，打動我們的不是「亡國之君」的頭銜，而是那顆在詞作中永遠跳動的「赤子之心」。這或許就是藝術最動人的力量——將個體苦難轉化為人類共有的精神財富。而羅秀珍學長這部著作，正是解鎖這座寶庫的珍貴鑰匙。

張錦少教授

香港中文大學中國語言及文學系教授、
新亞書院輔導長

二〇二五年六月十日序於新亞誠明館

自序

自 2021 年出版《李清照：千秋才女的生活與詞作》至 2024 年三次再版，非常感謝各地讀者支持。筆者曾多次於本港大學及中學作「李清照」之專題講座，將文學欣賞公諸學子及大眾。最近在各界友好的鼓勵下，撰寫《千古詞帝：李後主的生活與詞作》，透過其跌宕人生及前後期詞作探究他的內心世界。

在傳統的價值觀念裏，君主肩負着保家衛國、守護百姓的重任。李煜作為南唐君主，未能抵擋宋軍的進攻，治國無方，只是沉溺於詩詞風月、宮廷享樂，於是對他產生道德上的批判，以為在政治上失敗的人，其文學成就也難膺高度評價。

須知道文學創作有其獨立的審美價值和精神內涵，李煜的詞作正是他生活上經歷巨變，對人生有了更深刻的感悟而創作出來的。

我喜歡寫李後主的原因，可以從多個層面來探討，包括文學欣賞、情感共鳴、與人性的思考。

首先是他的「赤子之心」真性情，能以淺白語言抒寫真實情感，擺脱晚唐五代詞的雕琢習氣，例如〈破陣子〉中：「最是倉皇辭廟日，教坊猶奏別離歌，垂淚對宮娥」，毫不掩飾屈辱，敢於暴露脆弱與失敗，有這樣的真性情，從而讓作品更具感染力。

讀後主詞的人，各有見解，我特別迷戀李後主入宋後，詞的意境大幅躍升，能用平白如話的文字表達無限的情思。

古往今來，人們有着太多的委屈，太

多的無奈，於是文學和藝術在每個不快樂的時刻，承接你的情緒、你的憂傷，盡可能幫你解決精神上的困境。

每個人都可以經歷理想的破滅，青春的逝去，身份的蛻變。讀李後主詞，令人引起共鳴。他將個人的苦難轉譯為對人性、命運、權力等的思考。他的詞充滿對比：快樂與痛苦，自由與禁錮，並以虛實交織的筆法揭示。

同樣被俘虜的末代皇帝，計有孫皓寂寂無聞，劉禪「樂不思蜀」安於現狀，而陳後主（叔寶）一曲〈玉樹後庭花〉被喻為亡國之音，唯獨李後主以文學的力量，成為「一代詞宗」，被譽為「千古詞帝」。

李後主在文化史上的影響遠超政治層面，他將個人悲痛昇華為普世的人類情感，他將家國之恨、命運無常，提煉成具哲學性的文學表達，他的詞作穿越時空，成為苦難美學的典範。

羅秀珍

序於二〇二五年七月

目錄

下篇 詞選二十首

附錄

導言 —— 千古詞帝李後主

李後主，本名從嘉，字重光，號鍾山隱士。南唐中主李璟之第六子，生於南京。登上南唐君位，始改名為「煜」，代表光明照耀之意。南唐享國 38 年，期間歷經三代統治者：（先主）李昪在位 6 年，（中主）李璟在位 18 年，傳到李煜，其在位 14 年，國亡於宋，世稱南唐後主或李後主。他一生經歷從繼位為帝王至歸降成囚徒，最終因詞作觸怒宋太宗而賜毒身亡，享年 42 歲（生於七巧節，死忌同日），被譽為「千古詞帝」。

歐陽修《新五代史》：「煜為人仁孝，善屬文，工書畫，而豐額駢齒，一目重瞳子。[1]」

1　額頭很寬，兩個前齒並成一個，有一隻眼睛裏有兩個瞳仁。

李後主兼有亡國之君與千古詞帝的雙重身份。究竟是詞人的性情，導致他成為亡國之君的悲劇下場？還是囚徒的苦楚經歷直接傾注到他的心靈深處，懂得運用文學技巧，造就他擁有詞帝的光輝？

先回顧五代十國歷史。唐在黃巢之亂激起社會動蕩，終於覆亡。北方中原起立五個王朝：後梁、後唐、後晉、後漢、後周。南方先後建立吳越、楚、吳、閩、前蜀、後蜀、南漢、南平、南唐、北漢（北方）。

南唐，十國之一，建都金陵（今南京）。先主李昪是吳名將徐溫養子（生於五代十國亂世，本是孤兒），取名徐知誥（小名彭奴）。因戰功升任淮南節度使，能竭盡忠誠爭取民心，樹立君威，不到 10 年，令江淮地區繁華富庶。

公元 937 年，徐知誥被擁護掌握朝政，恢復李姓，改名為昪，告訴世人天下本是李家。順應天命，改國號為唐，定都南京，史稱南唐。在位期間勤於政事，與民休息。與吳越和解，保境安民，後因丹藥中毒去世（55 歲）。文化上收集各地圖書，設置南京書房，興辦太學、小學，培養國子博士。

中主李璟是李昪長子，公元 943 年繼位。跟着進行政治和軍事活動，對外用兵，消滅楚、閩兩國。後因奢侈無度，導致國力下降，被後周奪取淮南江北之地。又因信任佞臣弄政，政治腐敗，終日宴飲歌舞，君臣賦詩，不問政事，並尊後周為宗主國，自降帝號稱國主。

李璟好讀書，多才藝，常與寵臣韓熙載、馮延巳等飲宴賦詩，稱「詞人皇帝」。其詞風格清新，不事雕琢：

細雨夢回雞塞遠，小樓吹徹玉笙寒。

多少淚珠何限恨，倚闌干。

——《攤破浣溪沙·菡萏香銷翠葉殘》

手卷真珠上玉鉤，依前春恨鎖重樓。
風裏落花誰是主？思悠悠。

——《攤破浣溪沙·手卷真珠上玉鉤》

後主李煜，得到祖父及父親愛護，由懂事起知道大哥弘翼皇太子「為人猜忌嚴刻」，為了避免大禍臨頭，不敢參與政事，並表示對皇位繼承沒有興趣，只醉心研究典籍、寫詩填詞、練習書法、彈琴鼓瑟、譜曲歌舞，成為文人學士，而且誦經禮佛，篤信佛教，對政治全無興趣，表現非人主才。可是命運弄人，他的幾位兄長先後去世：李璟的第二子到第五子早死，不久皇太子死，其後李璟亦駕崩，李煜成為最後繼承人，在金陵（今南京）登基即位，為南唐國主。本不想當皇帝，卻「天教心願與身違」(〈浣溪沙〉)。

李後主生活在五代十國時期的南唐。初期因北方宋太祖百廢待興，無暇南侵，而南京是當時的文化和商業中心，吸引大量文人雅士和商賈，形成濃厚的文化氣氛。

作為皇帝，李後主生活極其奢華，沉迷於歌舞宴飲之作，對國事漠不關心，縱情地享受宮廷富麗堂皇的生活。他的詞作多描寫歡愉、艷情和奢靡。

李後主自幼聰慧，才情出眾，若做個詞人真絕代，卻被迫承擔起統治責任，唯有選擇以享樂來逃避現實。這種心理狀態，在早期詞作中如〈玉樓春〉表現尤為明顯。他的宮廷生活充滿奢華與享樂，而個人則因缺乏政治能力和責任感而選擇逃避現實，使得他的作品在繪寫歡樂與哀愁之間形成鮮明對比，深刻塑造了詞作的藝術風格。

李後主統治南唐時期，充滿文學成就與政治危機，他在文化上的貢獻主要表現在詞、書法、繪畫和音樂等多方面，詞作繼承晚唐花間派的傳統並進行創新，提升了詞的藝術表現，為後來婉約派奠定基礎。宋代女詞人李清照受李後主影響成為婉約派詞宗，具有後主遺風。

書法方面創造了獨特「金錯刀」書法，以其筆力遒勁，風格獨特見稱。又擅長繪畫，尤其是「墨竹」[2]和山水、人物、花鳥作品生動形象，超越常流，影響南唐畫風甚盛，使畫家輩出，如顧閎中〈韓熙載夜宴圖〉為傳世名畫之一，設色濃麗，人物神態活現。

李後主精通音律，創作多首名曲如

2 世傳「後主作竹、自根至梢，一一鉤勒，謂之『鐵鉤鎖』」。

〈念家山〉〈振金鈴〉，又重修〈霓裳羽衣曲〉，「以琵琶奏之」，「開元天寶之遺音復傳於世」，新曲比舊曲更煥發光彩，反映南唐文化的繁榮。

李後主自幼在濃厚的文化氛圍中成長，父親李璟是詞人皇帝，大臣鍾謨曾上書李璟，說李煜「器輕志放，無人君度」「性寬恕」「好生戒殺」，不應該是帝主，故即位後，治國無方，忠奸不辨，而且面對北方強鄰，沒有挽狂瀾於既倒的能力，唯有採取逃避之享樂主義。

其實後主繼位時，南唐國力早已衰退，面臨內憂外患。北宋逐漸強大，周邊小國先後被其征服，又由於中主李璟過度征戰，導致國庫空虛，為南唐之亡國埋下伏筆，故有歷史學者認為南唐滅亡，不應完全歸咎於李後主，當時的處境是極為複雜的。

他雖亡國，卻不是殘暴之君，「凶問至江南，父老多有巷哭者」。南唐亡國的悲慘生活反映在李後主的詞作中，使他成為千古詞帝。

其前期作品表現浪漫愛情和富麗奢華的宮廷生活如：〈一斛珠．曉妝初過〉〈玉樓春．晚妝初了明肌雪〉〈菩薩蠻．花明月暗籠輕霧〉，後期名篇如：〈破陣子．四十年來家國〉〈烏夜啼．林花謝了春紅〉〈相見歡．無言獨上西樓〉〈浪淘沙．簾外雨潺潺〉〈虞美人．春花秋月何時了〉，傳誦千古，都是真摯感情全心傾注，後世奉為「詞宗」。

總之，李後主是才華橫溢的人，卻不適合做皇帝，他的詞藝成就他的文學地位，也給他的人生帶來悲慘的結局。故云：「做個才人真絕代，可憐薄命做君王」。

後世讀者不是亡國之君，為何能被他的詞感動？

上篇

千古詞帝的跌宕人生

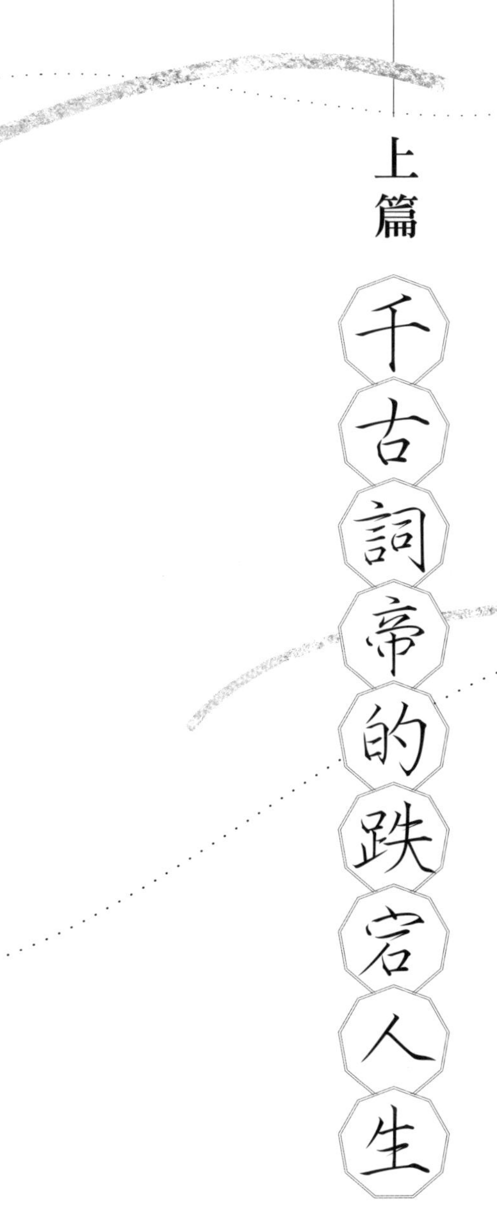

南唐後主李煜的跌宕人生充滿了悲劇與藝術成就。他在公元 961 年繼位統治南唐，期間以其卓越詞作而聞名，但因治國無方、優柔寡斷、錯殺賢臣、誤信奸佞，公元 975 年北宋南侵，金陵失守，不敵而亡，只得去國歸降，封為「違命侯」，成為亡國之君，世稱李後主。

李後主愛好藝術，經籍、詩詞、書畫、音樂、舞蹈，無一不曉，尤其善於填詞，乃「一代詞宗」。可是命運弄人，父親李璟去世，因太子及兄長先後死亡，第六子（李後主）被迫登基，雖力圖振作，奈何國勢積弱，一蹶不振，面對宋軍大舉南下，包圍金陵，終告不敵。為免生靈塗炭，後主只好忍辱歸降。

後主肉袒投降後，過着以淚洗面的悲慘生活。宋太宗（趙光義）繼位後，雖廢除了「違命侯」的恥辱封號，但實際情況更哀傷，趙光義常召小周后進宮「陪宴侍寢」，一去多日，後主有口難言寫下名詞「自是人生長恨水長東」（〈烏夜啼・林花謝了春紅〉）、「流水落花春去也，天上人間」（〈浪淘沙・簾外雨潺潺〉）。

後主 42 歲七月七日誕辰，隨同後主歸降之後妃們齊集小樓為他祝壽，跳舞狂歡，高歌「春花秋月何時了」「故國不堪回首月明中」（〈虞美人〉）。歌聲傳到趙光義（宋太宗）耳中，決定了後主的悲慘結局，賜下「牽機藥」，結束後主的一生。

正是「做個才人真絕代，可憐薄命做君王」。

知人論世 事與願違

回顧李後主的一生，25 歲繼承君位以前是皇子、太子。25 歲至 39 歲是南唐國主，39 歲去國歸降至 42 歲被賜死，是大宋王朝的臣虜（囚徒）。

由皇子、太子到囚徒，李後主的一生經歷了巨大的落差，透過其詞作，亦可探究其內心世界，正如唐圭璋在〈李後主評傳〉中云：「他身為國主，富貴繁華到了極點；而身經亡國，繁華消歇，不堪回首，悲哀也到了極點。正因為他一人經歷這種極端的悲哀，遂使他在文學上的收成也格外光榮而偉大。在歡樂的詞裏，我們看見一朵朵美麗之花；在悲哀的詞裏，我們看見一縷縷的血痕淚痕。」

其實李後主的本意，只是作一名遠離塵俗，逍遙山林的隱逸之士，在〈即位上宋太祖表〉中說得明白：

臣本於諸子，實愧非才，自出膠庠[3]，心

3 「膠庠」，古代周時「膠」為大學，「庠」為小學，後世通稱學校為「膠庠」。

疏利祿，被父兄之蔭育，樂日月以優遊，思追巢許[4]之餘塵，遠慕夷齊之高義，既傾懇悃，上告先君，固非虛詞，人多知者。

表示作君王並不符合自己志願：「遠慕夷、齊之高義」，想做一個像伯夷、叔齊式的隱士，故為自己取別號「鍾山隱士」「鍾峰隱者」「蓮峰居士」省稱曰「鍾隱」。可知他心神嚮往的是山林生活。

南唐畫家衛賢畫了〈春江圖〉，李後主在上題寫〈漁父詞〉曰：

浪花有意千重雪，桃李無言一隊春。
一壺酒，一竿綸，世上如儂有幾人。

一棹春風一葉舟，一綸繭縷一輕鉤。
花滿渚，酒滿甌，萬頃波中得自由。

4　巢父與許由是堯時代的兩位隱士，他們追求清高自由，不慕名利。

在對隱逸生活的題詞中，透露作者的人生意趣與理想。

可惜事與願違，李後主的幾位兄長先後去世，而早被立為太子的長兄李弘翼突然身亡，李後主立刻便被封為吳王，不久被立為太子。不到半年，中主李璟暴病去世，李後主繼位於金陵，成為南唐的第三任也是最後一位君主。

生命憂患：

李後主的一生，嘗盡了疾病與親人死亡的痛苦。

李昪（祖父）有 5 個兒子，平均年齡僅有 36 歲，李璟有 10 個兒子，最長壽的從善活到 48 歲。

李煜有 2 個兒子，長子仲寓 37 歲而亡，次子仲宣 4 歲而亡，仲寓一子名正言，亦早卒，於是李煜一門便絕後了。

避世享樂 大小周后

登上君位的李後主，享受着極度奢侈、富貴繁華的宮廷生活，〈浣溪沙〉詞曰：「紅日已高三丈透，金爐次第添香獸。紅錦地衣隨步皺，佳人舞點金釵溜」（詳見本書下篇詞作：南唐作品），詞中寫的是通宵達旦的歌舞，香爐中不斷地添加香料，舞女們在紅錦地毯上輕盈地跳舞，配合着簫鼓節奏，後主則一邊飲美酒，一邊欣賞歌舞，不醉無止。

後主又有〈子夜歌〉：「尋春須是先春早，看花莫待花枝老」「同醉與閒評，詩隨羯鼓成」（見本書南唐作品），詞中寫的是在禁苑中賞花、飲酒、流連春光、擊鼓賦詩的生活。

李後主在宮廷內，精心佈置了娛樂場所，在觀賞歌舞的亭院內，四周用大幅紅銷金羅製成幕壁，朱色薄絹製成屏風，在外面種滿梅花，名曰「紅羅亭」。每年七夕乞巧節生日之時，後主愛用紅白綾羅一百多匹裝飾成月宮天河形狀，供娛樂一夕而罷。

傳説宮中所用香料皆是名貴丁香、沉香、檀麝等特製，焚香器皿，金玉製作而成。殿內設有「主香宮女」主職，務令全年芬芳滿室，而陪伴得寵的是大周后（娥皇）。

大周后是李煜原配，名周娥皇，開國元老周宗之長女，19 歲被選入宮，史稱「曉史書，善歌舞，精音律，以彈琵琶見長」。花容月貌，腰細如柳，膚如白雪，容貌出眾，得（中主）李璟歡心，當時南唐宮中珍藏有「燒槽琵琶」，被視為國寶，李璟將其特賜給娥皇，並使娥皇與兒子從嘉成婚。從嘉比娥皇少一歲，二人志趣相投，形影不離，如膠似漆。大周后為人穩重、心地善良、有才華、雍容華貴，創作〈邀醉舞破調〉〈恨來遲破調〉，又重新考證編排唐玄宗時期的〈霓裳羽衣曲〉，使得其傳續後世。

燒槽琵琶：

史上保有盛名樂器之一。由來傳說不一，有謂：東漢末，蔡邕使用燒焦桐木製作一把琵琶，發出的音聲特別響亮動聽，後流傳到南唐皇室之中。皇后娥皇從小在音律方面具有天賦，琵琶演奏更是動人心弦，中主李璟把珍藏的燒槽琵琶賜給她。

娥皇有美妙歌喉，能夠譜曲彈琵琶，後主長袖善舞，二人歡娛深宵達旦。娥皇每天換一種打扮，髮髻衣裳，費盡心思，請畫師畫來多種式樣，永無休止，上行下效，金陵上流社會士女綺靡成風。

娥皇與後主婚後，恩愛無比，生有兒子李仲寓、李仲宣。可惜 10 年後，娥皇得了不治之症（也許有人投毒），加上她生病期間，其妹（後來的小周后）借入宮探病之機與姐夫李後主私會偷情（見詞選〈菩薩蠻〉），令大周后悲痛欲絕。李煜悔疚萬分，親侍茶湯，朝夕相伴，衣不解帶。可惜藥石無靈，加上次子仲宣突然之死，大周后病入膏肓，臨終言「子殤身歿，無以報德」，要求賜予燒槽琵琶陪葬，又寫下親筆遺書，要求薄葬，並支撐着為自己更衣靚妝，更親手將含玉放進嘴裏，最終享年 29 歲。一說大周后至死面不外向，不原諒李後主和小周后偷情：

> 未幾，后臥疾已革，猶不亂，親取元宗所賜燒槽琵琶及平時約臂玉環，為後主別。
>
> 後主哀甚，自製誄，刻之石，與后所愛金屑檀槽琵琶同葬。又作書燔之，與訣，自稱鰥夫煜，其辭數千言，皆極酸楚。
>
> ——《南唐書》

李後主悔恨交加並為愛妻寫下感人肺腑的〈昭惠周后誄〉，自稱「鰥夫煜」。誄文中描寫愛妻留給他的美好印象，傾訴心頭的無窮悲痛：

豐才富藝，女也克肖。采戲傳能，奕棋逞妙。媚動占相，歌縈柔調。

霓裳舊曲，韜音淪世……故國遺聲，忍乎湮墜。我稽其美，爾揚其祕。程度餘律，重新雅制。非子而誰，誠吾有類。今也則亡，永從遐逝。嗚呼哀哉！

——〈昭惠周后誄〉

李後主為大周后所作的詩詞有：〈一斛珠〉〈浣溪沙〉〈玉樓春〉〈長相思〉〈梅花〉〈輓辭〉。

小周后為李煜第二任皇后、大周后的妹妹（史書上並沒有記載她的名字），棋藝精湛，懂得精趣享樂。李後主〈菩薩鑾〉：「花明月暗籠輕霧，今宵好向郎邊去」[5]，描述與小姨偷情時的情景，大周后被丈夫和妹妹的雙重背叛刺激，病情惡化，加上愛子猝逝，最終去世，謚「昭惠」。

三年後，娥皇之妹被封為皇后，稱「小周后」。當時大臣在封后的賀書中，公開諷刺二人私會之事，李煜保持沉默。

小周后酷愛綠色，艷妝高髻，衣裝青碧逸韻風生，飄然出塵，宮女們爭相效仿，後主姬妾親手染絹帛，以露水染碧為衣，號為「天水碧」。還每天垂簾焚香，滿殿氤氳。安寢時用鵝梨蒸沉香置於帳中，其香甜潤，沁人肺腑，其取名「帳中香」。將茶油花子製成花餅大小形狀，令宮嬪縷金於面，用花餅施於額上，名為「北苑妝」。用茶乳做片，製出各種香茗，

5　詳見本書下篇詞作。

將外夷出產芳香食品滙集烹餚，並親自題名，刊入食譜，備下盛筵，召宗室大臣入宮赴筵，名叫「內香筵」。

李後主在夜間不點蠟燭，宮殿掛着夜明珠，放出光芒，亮如白晝。

馬令《南唐書》説小周后：「警敏有才思，神彩端靜」，從小深得李後主之母的喜愛，時常出入禁宮。至納後，被寵過於大周后。後主作亭，雕縷華麗而極迫小，僅容二人，與小周后酣飲其中。李後主與小周后一起度過了一段富貴奢華的生活，入宋後又一起承擔了那些屈辱卑賤的生活（容後述）。

婦女纏足為甚麼叫「三寸金蓮」？

「三寸金蓮」起源，説法不一，多認為始於五代南唐，後主喜愛宮嬪窅娘舞蹈，她以帛纏足，使腳纖小彎曲如新月狀，在飾有蓮花的金製高台起舞，姿態優美。「金蓮」一詞由此與女子小腳關聯。

此風氣先在宮廷流傳，後漸入民間，至宋代開始盛行纏足。「三寸金蓮」成了對小腳的特定稱謂。

儒佛思想 藝術薰陶

李後主自幼受儒家思想的教育與藝術薰陶，長大後又篤信佛教，他的人生理念，容納了儒家的仁厚、佛法的慈悲，與藝術家的自由精神，真誠自然，寬容不爭。

李後主事親至孝，父親李璟因病去世，他「居喪哀毀，杖而後起」(《十國春秋》)，盡為子之道守喪。母親鍾氏病重，侍奉在旁，親奉茶湯，史書稱讚後主「天性純孝」。又重視兄弟手足之情，其胞弟李從鎰出鎮宣州，後主率領近臣為之餞行，並作出規勸與教誨：「夫樹德無窮，太上之宏規也；立言不朽，君子之常道也。」明確提倡儒家立德立言的人生價值觀。

另一胞弟從善，喜愛武功，頗有覬覦皇位之心，而後主稟性仁愛，仍然待以手足之情，親密無間。從善被派遣往汴京奉獻貢物，被強迫留守汴京，不准回金陵，後主上書宋太祖，請求讓從善歸國，不獲答允，後主傷懷不已，日日惆悵悲歌。此事見載於歐陽修《新五代史》:「開寶四年，煜遣其弟韓王從善朝京師，遂留不遣。煜手疏求從善還國，太祖皇帝不許。煜嘗怏怏以國蹙為憂，日與臣下酣宴，愁思悲歌不已。」可見後主絕不因為權力糾紛而傷害手足之情，即使在政治上曾構成威脅的人，也能以真摯態度化解。

《江南別錄》謂:「後主天性友愛，自從善不還，歲時宴會皆罷，惟作〈卻登高賦〉以見意曰:『原有鴒兮相從飛，嗟我季兮不來歸。』」可見後主於兄弟之間感情甚篤。

《江南野史》記載，在宋王朝軍隊包圍金陵時，後主令城中僧俗、軍士誦念「救苦觀音菩薩」。[6] 南唐將領盧絳俘虜宋軍士兵百人，其中多受重傷者，「後主哀之，給飲食藥餌」，治癒後，竟然在夜間放他們出城。有此評論說：「其人茫昧如此，不亡何矣！」

李後主自幼好讀書，愛書法、繪畫、音樂、歌舞，以及詩詞藝術。後主書法筆鋒瘦硬，富於力度，愛用顫筆，在波折之中露出遒勁風神，人稱「金錯刀書」。既注重傳承，又注重變化。主張達到內外相稱，端壯得體。他學柳公權書法，將鍾

6　即位以來，廣建寺院，曾度僧尼，浪費資財。

繇、王羲之的墨帖交給黃保儀[7]收藏。

繪畫方面，後主亦懷着鍾愛之情。《宣和畫譜》載，御府中所藏有九幅：〈自在觀音像〉〈雲龍鳳虎圖〉〈柘竹雙禽圖〉〈柘枝寒禽圖〉〈秋枝披霜圖〉〈寫生鵪鶉圖〉〈竹禽圖〉〈棘雀圖〉〈色竹圖〉。其他載有亦不少，題材廣泛，有禽鳥山水、花卉草木、道釋人物，每自畫，必題曰「鍾隱」。可見繪畫是李後主寄託其隱逸思想的最佳方式之一。

據《五代詩話》:「南唐後主精於音律，凡度曲莫非奇絕。開寶中……自撰〈念家山〉一曲……宮中民間，日夜奏之，未及兩月，傳滿江南。」唐之盛時〈霓裳羽衣〉

7　黃保儀，李後主的後宮，因美貌選入太子宮，後冊封為保儀（南唐歸順北宋後，後宮的位號）。黃氏容貌冠絕一時，工書札，專掌宮中書籍，雖不得幸御，卻是後宮唯一有正式位號的人。北宋滅南唐，後主令黃保儀將墨寶全部燒毀，她隨從北遷，卒於開封府。

最為大曲，安史之亂後，其音遂絕。李後主與周娥皇得到〈霓裳羽衣曲〉殘譜，經過認真細緻的功夫，按譜尋聲，補綴缺損，配舞演出，大周后娥皇善彈琵琶，亦能自度新曲，對於樂舞技藝造詣精湛，通過創新，終於使得湮跡多年的一代名曲「霓裳羽衣」重現於南唐宮廷舞台。

當然李後主最傑出的是詞章藝術，無論前期還是後期，他都能以真摯態度面對人生，表達心靈感受。他的歡樂與浪漫、憂傷與惶惑，如果沒有這些詞章（見本書詞作篇），只能被永久埋沒於塵土中。

李後主提升了詞的藝術品質，深化了詞的情感蘊涵，豐富了詞的表現技巧，因此被譽為「一代詞宗」。在 42 年的人生歷程中，藝術的光華與精神塑造了後主的生命。

《澄清堂帖》：

李後主是出名的藝術詞帝，他的愛好是寫詞和書法，他尊崇王羲之，命人遍尋「上經」真跡填充內府，經過十餘年的尋找，最終積攢了60多件，每一件都經過李後主的親自鑒定，並編修成叢帖，名《澄清堂帖》。

內容豐富，總計2000餘字，都是經過鑒定的王羲之真跡。可信度勝過〈聖教序〉〈淳化閣帖〉〈汝帖〉等頂級法帖，是王羲之行書的「百科全書」。

欲挽狂瀾 忠奸不辨

由於中主李璟去世，李煜在金陵登基，成為南唐後主。李煜即位時，南唐已面臨強鄰壓境的危機。

李後主的登基並非出於自願，他曾明確表示自己對政治不感興趣，並有意避世隱居。然而命運的安排和家族內部的權力鬥爭，終究使他成為南唐君主。而充滿文藝氣息的李後主只是屈辱圖存，向宋納貢稱臣，三次派史官朝貢，取悦宋太祖。國庫珍藏金銀絹帛流入北宋，南唐只能換來苟安。

在經濟領域，因需向宋朝進獻貢品，致使南唐國內銅錢短缺，後主遂下令以鐵錢替換銅錢，設立鐵錢管理規則，遏制私鑄鐵錢的猖獗，減緩朝貢帶來的壓力。

在稅收方面，把官府屯田租給農戶去耕種，使農戶有地可耕，稅收亦隨之增長。並規定納稅時，一匹帛可折合錢一貫，鼓勵農戶種植桑樹、紡織絲帛，使農業與手工業獲得發展。

在軍事方面，李後主對趙匡胤表面稱臣，暗地裏卻裝修武備、招募士兵，做好戰鬥準備。組建龍翔水軍，希望這樣一支強大的水軍能夠借助江南稠密的河網來抵擋宋軍。

宋軍從采石磯建了座浮橋渡江，來到金

陵城下，李煜加建城牆的舉動沒有白費，金陵城很堅固，宋軍一時間難以攻下。李煜又派駐守在洪州的十萬水軍去救援。

宋軍奪取浮橋計劃破產後，宋軍加快攻城速度，攻克金陵外關城，形成三面合圍之勢，各地守將向吳越軍獻城投降。金陵東面只剩潤州一座要塞，李後主卻倚仗金陵城易守難攻，只要堅守下去，宋軍後繼乏力，自然會撤兵，於是將大事給張洎、皇甫繼勛等人。

皇甫繼勛為南唐主帥，常把「降宋」掛在嘴邊，部下有獻策出戰擊敵者，往往遭鞭打、囚禁，以致將士激憤，百姓切齒。皇甫繼勛率水師 10 萬在金陵城外防禦，但前線送來的軍情被李煜近臣扣下不報，皇甫繼勛又經常借口軍務繁忙，拒絕李後主的召見。直到李後主親自登城察看，見宋師旌旗遍野，又驚又怒，責其隱瞞軍情，下令處死皇甫繼勛，推出宮門，軍士恨之入骨一擁而上，亂刀砍死，分吃其屍肉。

金陵之戰決定南唐生死存亡，宋太祖虛心納諫，聽從盧多遜建議，一鼓作氣圍攻金陵，不給李後主喘息機會。反觀李後主一開始表現硬氣，後來戰事不利就求和，金陵城破前，揚言自焚殉國，可是臨危時又貪生怕死。再者潤州之戰中，李後主信任的劉澄，竟然未開戰便先投降。南唐不少官員跟着都和劉澄一樣，試問又怎能與北宋強國對抗呢？

李後主在位期間，錯殺了多位忠臣，如潘佑和李平。潘佑曾多次直言進諫，試圖改革南唐政治和經濟，最終因直言觸怒李後主而被下獄治罪，自殺而亡，歐陽修《新五代史》：「六年，內史舍人潘佑上書極諫，煜收下獄，佑自縊死。」李平也因此被牽連而遭不幸，自縊而死，這使得朝中無人敢言。南唐政治力量不斷被削弱，且後主還重用奸邪之輩如張洎等，導致政治腐敗。

在軍事上屢屢失策，誤殺了軍功顯赫的武將林仁肇，任用了意圖投降的皇甫繼勛作為總指揮，導致南唐在軍事上屢戰屢敗。

林仁肇之死：

林仁肇是一名壯士，體魄魁梧，人稱「林虎兒」，作戰奮不顧身，升為將軍後，與士兵同甘共苦，而且立下許多戰功，他曾向後主建議說：「淮南各地防守軍隊力量弱小，而宋軍年年用兵作戰，滅西蜀、平荊南、進攻南漢，軍隊難免疲憊，如果給我數萬軍隊，渡江收復失城，勢如轉丸之易，此計若能實現，我便占據淮南，抵禦北方軍隊南下。」後主聽後十分驚恐，認為此舉只會帶來亡國之禍，其後中了宋太祖的離間計，謂林仁肇馬上要歸降宋太祖。宋太祖將林仁肇畫像掛於房間中，並對南唐使者說：「府館賞賜給他（林仁肇）住」，後主不辨真假，派人用藥酒將林仁肇毒死。

總結以上，李後主降宋有幾個關鍵步驟：公元 971 年，宋太祖趙匡胤滅南漢後屯兵漢陽，李煜恐懼，去除唐號，改稱江南國主，並派遣其弟李從善朝貢，以示好意。李從善到達汴京後被扣押並獲封為泰寧軍節度使，為宋效力。李後主多次上表請求放歸李從善，均未得回覆。同時下令貶儀制，「詔」改稱「教」，並撤去金陵台殿的鴟吻，以示對北宋的尊崇。歐陽修《新五代史》：「煜下令貶損制度……諸王皆為國公，以尊朝廷。」

從一個文弱王子，到肩負國家命運的君王，李後主沒有太多時間去適應這巨大的身份轉變，南唐若想在北宋的威勢下苟延殘喘，唯有俯首稱臣，去國號，進貢金銀土產。

北宋天子趙匡胤，雄才大略，面對李後主的不斷示好，雖然表面上寬厚有加，骨子裏卻視南唐為囊中之物。

公元 974 年，宋太祖下詔書，令李煜

前往開封覲見（篇末注），李煜稱病拒絕入朝。

公元 975 年，宋軍大旗終於出現在南唐國門之外，宋軍攻城，晝夜不息，南唐守軍寡不敵眾，金陵被攻陷，李煜為免生靈塗炭，被迫肉袒出降。

注

陳喬殉國：

宋太祖多次派遣使者，要李後主前往汴京朝見。由於陳喬等大臣的堅決反對，李後主稱病拒絕入朝。金陵城將淪陷，陳喬慷慨陳辭：「投降仍然不能保全江山，只能使自己遭受羞辱而已，請允許我背城一戰而死。」後主拒絕陳喬的請求，陳喬堅決主戰，並以身殉國，來到政事堂自縊而死。

學者徐鉉：

南唐亡國的親歷者，一位儒雅的學者，學識廣博，能言善辯。南唐亡國前夕，李後主派遣他出使汴京，親向宋太祖陳言江南无罪，請求停止討伐。而趙匡胤辭氣嚴厲地表示：「不須多言，江南亦有何罪？但天下一家，臥榻之側，豈容他人鼾睡乎？」南唐亡後，徐鉉成為宋朝官員。李後主去世後，朝廷讓徐鉉為其寫墓誌銘，徐鉉請求宋太宗允許他保留對舊主人的情誼，於是寫成了〈吳王隴西公墓誌銘〉。徐鉉對李後主給予全面評價，肯定他的藝術才能與人生態度。

樊若水獻 平南唐策：

樊若水是南唐書生，因多次參加進士考試落第，決心投奔北宋，後帶領宋軍掃蕩江南。北宋軍隊渡江時，在采石磯修建的浮橋，便是依照樊若水的計劃搭建完成。他出賣國家的行為受到鄉親痛恨，家祖墳樹木被砍光。

忍辱降宋 因詞而亡

李後主被俘後，生活狀況和以前發生了翻天覆地的變化，失去了自由，一舉一動都受到監視，舊臣沒有詔令不能前來探望。作為亡國之君，後主內心充滿痛苦，只能以淚洗面，他曾與金陵舊宮人書寫：

「此中日夕，只以眼淚洗面。」[8] 表達內心的痛苦和壓抑。度日如年，他常常借酒消愁，趙匡胤害怕他醉酒而死，曾下令不准給他酒喝，但他卻說：「不然，何計使之度日？」趙匡胤最終同意繼續供酒給他。李後主先後被封為「違命侯」和「隴西郡公」，處處被監視，生活並不自由，沒有機會參加任何宮廷活動，亦被限制與外界的接觸。在此種生活困頓和內心充滿痛苦的情況下，他只能將精力放在詞作上，流露出對過去美好生活的回憶，暗示自己與現實的隔離，借詞作表達自己對故國的思念和對命運的無奈（見下篇北宋作品）。

據宋王銍《默記》載，南唐降宋舊臣徐鉉奉太宗命往見李後主，守門老卒，不允通報，並謂：「有旨不得與人接，豈可

8　《樂府紀聞》：「後主歸宋後與故宮人書云：『此中日夕，只以眼淚洗面』，舊臣聞之，有淚下者。」

見也？」後來徐鉉說明奉旨而來才得見。歸降後的李後主如砧板上的魚肉，任人宰割。宋太宗經常要小周后到宮中侍奉，一去好幾天才回來[9]，連自己的妻子都保護不了，他內心痛苦可想而知。

除了人身不自由及備受凌辱外，後主還終日處於惶恐之中，他不能像三國蜀漢後主劉禪在亡國之後可以「樂不思蜀」，反而在詞作中表現出了強烈的「故國之思」：「故國夢重歸，覺來雙淚垂」「故國不堪回首月明中」「人生長恨水長東」，詞作內容引起北宋趙光義（太宗）猜忌，認為他時有復國野心，已動殺機。其後派南唐舊臣徐鉉往見李後主，獲悉後主忽然長嘆說：「當時悔殺潘佑、李平」，宋太宗此

9 《江南野史》：「李國主小周后歸朝，封鄭國夫人，例隨命婦入宮，每一入輒數日，出必大泣，罵後主，聲聞於外，後主宛轉避之。」

時加促殺後主動機。

公元 978 年七月初七，後主生辰，命帶來的南唐歌伎作樂，傳唱所作的〈虞美人〉。詞句傳到太宗耳中大怒，賜「牽機藥」毒殺他。此藥服後令人身軀向後反弓，形成用頭去接觸腳的扭曲姿態，狀如牽機，疼痛而死。後主終年 42 歲，不久，小周后亦傷心而逝。

補充資料：

傳説李後主被俘虜到汴京時，宋太祖趙匡胤問：「聞説卿在金陵時喜歡作詩，能否舉出一聯以供欣賞。」

李後主沉吟許久，唸出了所作〈詠扇詩〉兩句：「揖讓月在手，動搖風滿杯。」趙匡胤笑説：「滿杯之風又能有多少？」

他應該欣賞的是劉邦〈大風歌〉中那種「大風起兮雲飛揚」的氣勢。區區團扇搖動起的滿懷之風，又算得甚麼呢？

李後主的〈詠扇詩〉用心很細，對仗很工，文辭很美。《后山詩話》記載，趙匡胤曾對周圍人說：「李煜如果用寫作詩詞的工夫來治理國事，他怎麼會成為我的俘虜呢？」

在宋太祖眼中的李後主，不是一個稱職的國君，但可以是一個好的「翰林學士」。

結語

從一國之君到宋朝階下囚，李後主經歷了他跌宕的人生。他被送往汴京，開始了亡國之君的生涯。

然而這樣的境遇下，李後主的文采更加光華奪目，他寫下許多哀怨感人的詞章以表現其內心世界。有謂南唐的滅亡是必然的，無論其君主多麼英明，偏安一隅的政權都難以抵擋強勢王朝的鐵騎。李後主用他的藝術才華、他的謙卑、他的不屈，寫下南唐最後的歷史篇章。如果李後主不寫詞或詞作很一般，這樣而言，李後主不過是一位治國無方的亡國之君。

李後主的內心感受，為甚麼可以從他的詞，直接傾注到我們的心靈深處呢？而且能夠穿越時空，忘卻身份地位及歷史年代，引起共鳴？

學者王國維的解釋是：李後主有「赤子之心」,「詞人者，不失其赤子之心」。一旦進入寫作狀態,「赤子之心」必然會在瞬間呈現，遠離塵俗，使人能看到自己的「初衷」。

可是若單憑「赤子之心」，只能寫出極淺薄的作品，至於能轉化成感人肺腑的文字，提煉到有藝術感染力的詞作，必須是高手。普通文字加上意象和跌宕的音樂節奏，便能製造驚奇效果。李後主的詞作便是有此驚人魔力(詳見下篇詞作賞析)。

正是「國家不幸詩家幸，賦到滄桑句便工」(〈題遺山詩〉清趙翼)。

下篇

詞選二十首

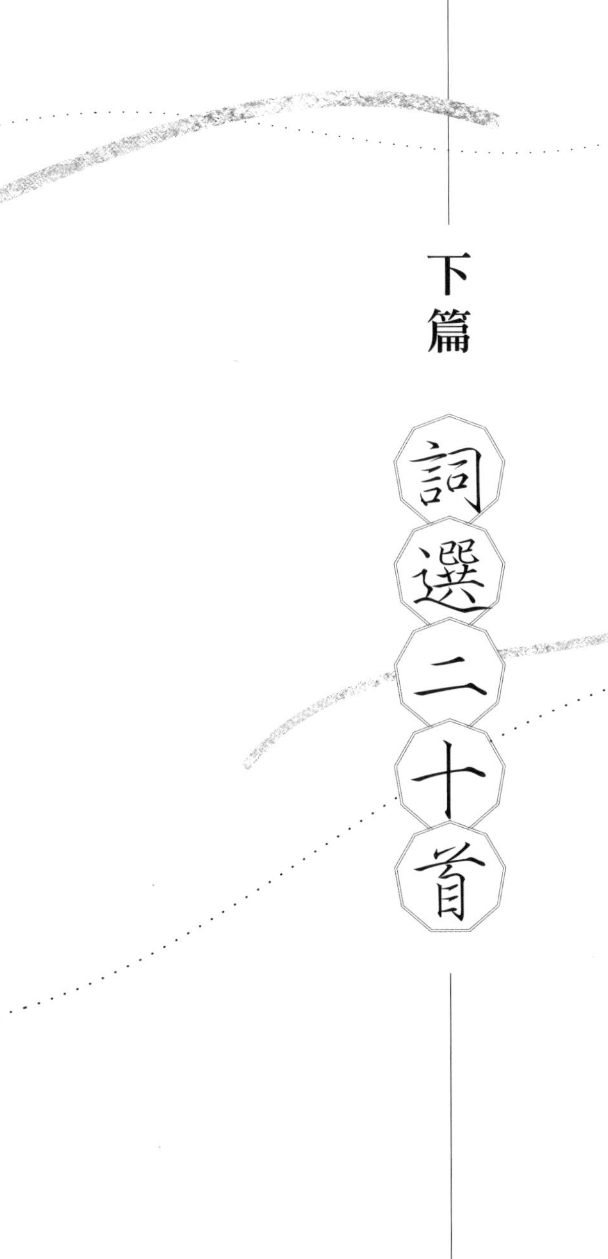

〈浣溪沙‧紅日已高三丈透〉

紅日已高三丈透，金爐次第添香獸。
紅錦地衣隨步皺。

佳人舞點金釵溜，酒惡時拈花蕊嗅。
別殿遙聞簫鼓奏。

注釋：

1　金爐：金屬製的爐子，指用來燒香料的銅製爐子。

2　香獸：匀和香料製成的獸形香炭。

3　紅錦：紅色的地錦。

這是李煜早期作品，描繪宮廷享樂生活，縱情聲色、紙醉金迷、宮廷豪宴中樂舞並肩的景象躍然紙上。

上片「紅日已高三丈透，金爐次第添香獸」首句：太陽已高高升起，日影透過帷幕射進宮殿來，昨夜歌舞通宵達旦，表現縱情歡樂情況。

第二句：寫侍女們在獸形的銅爐裏不斷添加香炭，使宮殿裏充滿氤氳香氣。

「紅錦地衣隨步皺」：紅錦織成的地毯被舞女的舞步踩得起了皺痕。從以上細緻的地毯可以看出宮廷生活的奢華和靡費。

下片「佳人舞點金釵溜」：由於舞蹈者

左右旋轉：金釵從頭上滑落，表現舞姿的放縱程度。「酒惡時拈花蕊嗅，別殿遙聞簫鼓奏」：歡飲到醉昏昏時要聞花蕊來解酒，目的是要宴樂一直延續，而其他宮殿的吹簫聲和擊鼓聲遙遠傳來，整個皇宮陷入歡樂亂舞中，狂歡達旦。

全詞善用白描寫豪華宮宴場面，語言樸素自然，沒有渲染誇張，甚至以方言俗語入詞，如「酒惡」，有謂金陵人將「醉酒」曰「酒惡」。

五代南唐趙幹青綠山水　卷。
（來源：台北故宮博物院）

〈一斛珠・曉妝初過〉

曉妝初過，沉檀輕注些兒個。
向人微露丁香顆，一曲清歌，
暫引櫻桃破。

羅袖裛殘殷色可，杯深旋被香醪涴。
繡床斜憑嬌無那，爛嚼紅茸，
笑向檀郎唾。

注釋：

1 曉妝：清晨梳妝、打扮。
2 沉檀：裝扮用的顏料。沉：色深而帶潤澤。檀：深紅色。
3 輕注：輕輕塗抹。些兒個：當時方言，一點點。
4 丁香顆：美人舌尖的代稱（丁香的花蕾，其形似雞舌）。
5 櫻桃破：張開口唱歌。櫻桃：紅色小口。
6 羅袖：絲綢的衣服。
7 裛殘：裛，沾濕之意；殘，殘留痕跡。殷色：深紅色。
8 香醪涴：醪，香醇佳釀；涴，弄污。
9 嬌無那：無限嬌娜。
10 檀郎：典故出自西晉。文學家潘岳為美男子，岳：小字檀奴，婦女稱之為檀郎，後來成為對夫婿或所鍾愛男子的名稱。

本詞寫李後主與娥皇之間，不乏戲謔、調笑、輕鬆時刻。

上片寫娥皇的妝飾「曉妝初過」，清

晨梳理好鬢髮，插戴好首飾，「沉檀輕注些兒個」，又塗點口紅，所用的顏料叫「沉檀」。「向人微露丁香顆」，「丁香」比喻美人之舌，唱歌時，張開櫻桃小口[10]，「一曲清歌，暫引櫻桃破」，那甜美的歌聲也帶着清香，在殿堂間蕩漾。

下片「羅袖裛殘殷色可」寫宴會結束後，因為心情愉悅，羅袖被酒沾濕沾上紅色也毫不在意。娥皇帶着幾分醉意斜憑在綉床邊，一副嬌娜可愛的情態，令人心動。活現畫面，增強了詞作感染力。

「爛嚼紅茸」描寫戲謔的細節：酒後的娥皇，含笑將嚼在口中的紅絨線向愛人方向吐去。

全詞描寫女子清晨梳妝後的美麗情狀。通過「沉檀」「丁香」（女人舌頭）「櫻

---

10 白居易「櫻桃樊素口」。

桃破」等意象，展現女子的嬌美。

跟着下片繪畫女子與情人相處的嬌媚姿態，透過「羅袖」「香醪」「繡床」「紅茸」等意象，展現女子的情態和親密互動。

李煜以其細膩的筆觸和生動的描寫，展現他對女性美的獨特情意，也反映了南唐宮廷生活的奢華和情調。

點評：

今人詹安泰：「給人印象最深的是結尾嚼茸唾檀郎的描寫，從動作中來表達女人撒嬌的神態。」

清人李漁〈窺詞管見〉：「此娼樓婦倚門腔，梨園獻醜態也。」

或謂此乃表現李後主與娥皇浪漫的藝術生活與和諧的夫妻情感，作出調笑戲謔之事，可予以諒解。

〈玉樓春·晚妝初了明肌雪〉

晚妝初了明肌雪，春殿嬪娥魚貫列。
笙簫吹斷水雲間，重按霓裳歌遍徹。

臨風誰更飄香屑，醉拍闌干情味切。
歸時休放燭花紅，待踏馬蹄清夜月。

注釋：

1 明肌雪：肌膚如雪般明淨潔白。

2 嬪娥：這裏指歌舞宮女。

3 魚貫列：有次序整齊地排列，像游魚般連貫而行。

4 吹斷水雲間：樂工發揮所能吹奏，音樂充滿宇宙空間。水代表地下，雲代表天上。

5 重按：一次又一次奏起。

6 香屑：各種香料製成的粉末（宮中設有宮女掌管焚香飄香的事務）。

7 「歸時」二句：待會兒散席時不要點那紅蠟燭，大家跨上馬背，踏着清明的月色歸去。

上片「晚妝初了明肌雪」「嬪娥魚貫列」，一群美麗的宮娥打扮艷麗，湧出宮殿，列隊歡迎。黃昏晚宴上笙簫合奏，水雲瀰漫，彷彿回到唐明皇楊貴妃年代，歡愉之情在霓裳羽衣間飄蕩。

宴樂與歡愉：宮廷宴樂的盛大場面，「嬪娥魚貫列」。

音樂與舞蹈：「笙簫」「霓裳」，表現對音樂和舞蹈的熱愛，盡情享受的生活態度。

下片「臨風誰更飄香屑」「待踏馬蹄清夜月」，喝多了酒，心情放縱，管他是誰的香氣，且一同騎着馬而歸，不必掌燈，莫辜負這清空和朗月。

曲終人散的孤獨：末兩句「歸時」「待踏」表達餘興未盡的心情。

賞析：

此詞在客觀描寫及意象運用上具備文學修養，頌讚與大周后共享樂的美好生活。

李後主精通音律，在美貌多才的大周后的陪伴下，寄情於後宮的歌律昇平。閨房內的琴瑟和諧、醉後的神態，躍然紙上。

據《南唐書》記載，大周后考證並重編〈霓裳羽衣曲〉，留佳音，去淫繁，用一把琵琶，彈奏出清越可聽的新聲，修改原曲中節奏緩慢之處，使新曲更歡快，顯示出了大周后的才情。因君王喜愛，大周后組織宮人排練歌舞，惹得君王心醉神迷，無心國事。

曲得新生，舞更銷魂，「重按霓裳歌遍徹」，享盡繁華熱鬧之後，還有騎馬踏月的雅興。「晚妝初了明肌雪」，通過對春夜宴樂的描繪和對離別情緒的抒發，展現了李後主作為詞人的深刻情感與藝術才華。這些既是對繁華生活的讚美，也是對失落與孤獨的反思；既有豐富的意象，也有內心深處的情感波動。

綜上所述，〈玉樓春〉不僅是李後主對奢華生活的一次生動描繪，更是內心矛盾情感的真實寫照。

〈菩薩蠻・花明月暗籠輕霧〉

花明月暗籠輕霧，今宵好向郎邊去。

剗襪步香階，手提金縷鞋。

畫堂南畔見，一向偎人顫。

奴為出來難，教君恣意憐。

上片首句是環境描寫，「花明月暗籠輕霧」營造了朦朧而浪漫的夜晚，花朵明艷，月色暗淡，輕霧繚繞，為幽會提供了隱蔽的環境。「今宵好向郎邊去」點名少女趁此良霄前去與情郎相會。「剗襪」只穿着襪子，「步香階」腳步輕易走過宮中台階。一雙全線編織的繡花鞋提在手裏。「手提金縷鞋」生怕發出聲響，驚動旁人。

下片「畫堂南畔見，一向偎人顫」寫少女見到情郎後的激動與羞怯，不斷在他懷中顫抖。「奴為出來難，教君恣意憐」直接表達少女因相會不易，而懇請對方盡情憐愛的心聲。

此詞被認為是李煜與大周后之妹（小周后）婚前幽會的記錄。據史料記載，大周后病重期間，小周后入宮與姐夫私會。

此詞記敘與小姨（後稱小周后）幽會的風流韻事，充滿柔情蜜意，毫無避忌，將細節形象地展示於世人面前，顯示李後主真實的一面。正是詞家本色，但嫌意態之不文，「情真景真」。但因其大膽直露的描寫和細膩的情感表達展現其在描寫兒女情長方面的獨特才華。

還有把此詞製成「樂府」，任其外傳，亦有畫工畫小周后提鞋圖，「纖指掛雙弓」。

五代南唐趙幹青綠山水　卷。
（來源：台北故宮博物院）

〈子夜歌·尋春須是先春早〉

尋春須是先春早，看花莫待花枝老。

縹色玉柔擎，醅浮盞面清。

何妨頻笑粲，禁苑春歸晚。

同醉與閒評，詩隨羯鼓成。

注釋：

1 縹色：青白色。

2 玉柔：潔白又柔嫩，借指女子美麗的手。

3 擎：向上舉。

4 醅：未過濾的酒。

5 禁苑：帝王的園林，禁止人們自由出入，故稱禁苑。春歸晚，即禁苑的春景逗留得較久。

6 閒評：隨意品評。

全詞描寫後主早期在宮廷中飲酒賦詩，尋歡作樂的生活，沉緬聲色，不思進取，盡情享樂，宣揚及時行樂。

上片首兩句，尋覓春天應當在春天來臨之前，賞花不要等到花兒凋謝，暗指珍惜美好時光，「莫待花枝老」。

下片春日短暫，需及時行樂，預先安排賞花活動。李後主能敏銳覺察春天到來，要及早安排尋春事宜，在國事上卻後知後覺。

在本應「識干戈」的時光，卻只顧興致勃勃地在禁苑尋春，以「縹色」代酒，借「玉柔」代表潔白柔軟的手，擎着酒杯向君王勸酒，一晃動杯底渣滓浮起，不多時又沉，結果酒水清亮。美人勸酒，李後主面前人花交映，忍不住「頻笑粲」。

讚嘆「禁苑春歸晚」讓他有更多時間盡情享受春暖，又招來樂工，在禁苑擊響羯鼓。他在鼓聲中與隨行者賦詩作詞，可謂才氣十足，賦詩隨羯鼓節奏完成。

及時行樂，往往因害怕歡愉難久，莫非禁苑中的主人預知了未來命運？或是文人治國，根本沒有此危機感。

傳說唐明皇特別喜愛羯鼓，曾在內苑臨軒擊鼓，苑內桃李一時盛開，後世宮中便傳為催花羯鼓遊戲，李後主筆下一邊擊鼓催花，一邊乘興賦詩，多麼閒適自得的享樂。

此詞「自然平淡，和主題相適應」，體現李煜前期詞作的閒適風格。境界不高，但語言清新。

〈柳枝詞〉

風情漸老見春羞，到處銷魂感舊遊。

多謝長條似相識，強垂煙穗拂人頭。

注釋：

1　風情：風月之情。這裏指青春年華。

2　見春羞：見到明媚的春光自慚形穢。

3　長條：柳樹長長的條枝。

4　煙穗：煙柳，煙霧籠罩的柳林。

5　穗：植物的花。

解題：

〈柳枝〉本是民間歌謠，名〈折楊柳〉，五代詞名〈楊柳〉。

據載：

「江南李後主嘗於黃羅扇上書賜宮人慶奴云：『風情漸老見春羞……』扇至今傳在貴人家」。可見後主對宮女的感情，並不同於一般荒淫無恥的皇帝，相當有人情味。

賞析：

首句「風情」指青春風韻，「羞」字以擬人手法寫容顏老去面對春光的自慚，寫得很新巧，表現婦女紅顏漸老的心態，顯示對年華老去的恐懼。

第二句見到景物不禁思念同遊舊友，「感舊遊」。

此詞是李後主為宮女慶奴作的，而且書寫在扇面上，表現對宮女的同情。

這是一首以宮女角度書寫遲暮之悲的代言詞。李煜透過意象：柳枝，串連起人生感慨與物是人非的惆悵。

最後兩句講所幸長長柳條，似乎仍然相識，沒有遺棄自己，盡力低垂下穗兒，輕拂着人頭，好像是撫摸着自己寂寞破碎的心。後主以此詞安慰宮女慶奴不要為年老色衰而哀傷，展現其仁慈。

五代南唐趙幹青綠山水　卷。

（來源：台北故宮博物院）

〈長相思・雲一緺〉

雲一緺，玉一梭，淡淡衫兒薄薄羅。
輕顰雙黛螺。

秋風多，雨相和，簾外芭蕉三兩窠。
夜長人奈何！

注釋：

1　雲：指女子秀髮。

2　緺：通「渦」，比喻頭髮盤結。

3　玉一梭：指髮簪。

4　輕顰：微微皺着眉頭。

5　黛螺：用來畫眉的青綠色顏料，這裏代指眉毛。

6　窠：同「棵」。

李後主父親李璟，是優秀的詞家，且致力收藏圖書、字畫，李後主耳濡目染，勤奮好學，奠下文字根基，他精通音律，能演奏樂器，有助於作曲填詞，但對挽救頹唐國勢，全無好處。

所以讀後主詞，不光是被用字遣詞的高明撼動，也被流蕩的音樂性吸引。

這是李後主對大周后的悼亡詞。這首詞上片寫女子髮型頭飾、衣裙的質地，展示其儀容「雲一緺，玉一梭」。盤起來堆捲的濃密黑髮，插在髮上的玉簪子，「淡淡衫兒薄薄羅」薄薄的衣裳，「輕顰雙黛螺」微微的蹙眉，重在寫人。

下片換角度從景物描寫開始，「簾外芭蕉三兩窠」窗外風吹雨打芭蕉的聲響，「夜長人奈何」襯托無眠人的孤獨與寂寞難耐，達致情景交融的效果。

內容描寫有層次，情緒變化由淺入深，用寥寥數筆將人物儀容及心理活動形象地勾畫出來。

唐圭璋在〈李後主評傳〉中說：「疊寫出美人的顏色、服飾，輕盈裊娜，正是一個『梨花一枝春帶雨』的美人，而後疊拿風雨的環境襯出人的心情，濃淡相間，深刻無匹。」

全詞在字裏傳遞的意境，極富感情美，情真意切。千言萬語，無非靠文字表白，上片三個字、五個字、七個字堆疊起來，例如：「玉一梭，淡淡衫兒薄薄羅。

輕顰雙黛螺」中的「梭」「羅」「螺」，及下片「雨相和，簾外芭蕉三兩窠。夜長人奈何」中的「和」「窠」「何」疊出韻律感，極富音樂美。

以聲寫情，在我國古代詩詞中最富藝術情味，也給人最奇妙的感覺。後主借芭蕉夜雨聲泛起無盡的哀傷和思念，「夜長人奈何」。

李後主〈長相思〉先勾勒大周后的漂亮模樣和優雅氣質，後用風雨芭蕉景色，把寂寞愁苦烘托出來。這是李後主對大周后的悼亡詞，沒直接說苦，可是苦楚已溢出來。全詞對仗工整，疊詞用得妙。

那秋風秋雨，芭蕉搖曳之景，恰似李後主內心的愁緒翻湧。看似寫景，實則浸透着對亡妻思念之苦，未直言其痛，卻痛入骨髓，此種以景補情、情景交融的高超筆法，令人拍案叫絕。

〈擣練子令・深院靜〉

深院靜，小庭空，斷續寒砧斷續風。

無奈夜長人不寐，數聲和月到簾櫳。

注釋：

1 寒砧：秋天的搗衣聲。砧：搗衣石。

2 不寐：不睡。

3 簾櫳：掛着竹簾的格子窗。

〈搗練子令〉即〈搗練子〉詞牌名。古代婦女把練（生絲織成的絹）用木杵（木棍）在石頭上搗（捶打）軟，製成熟絹，裁製衣服，稱為搗練。

李後主在本詞中借搗練的杵聲，表現自己不能安寧的心情。

秋風送來了斷續的寒砧聲，在小庭深院中，聽得份外真切。月光和砧聲穿進簾櫳（掛着竹簾的格子窗，多用木條製成），使人聯想到征人在外，寒衣單薄。婦女因思念遠戍丈夫，搗練裁衣，為寄遠人禦寒之用。

綿綿的離恨和相思，因而長夜不寐，愁思自結。

俞陛雲《唐五代兩宋詞選釋》：「〈搗練子〉首二句『深院靜，小庭空』言聞搗練之聲，院靜庭空，寫出幽悄之境。三句賦搗練『斷續寒砧斷續風』，四五句由聞砧者說到砧聲之遠遞。通首賦搗練，而獨夜懷人情味，搖漾於寒砧斷續之中，可謂極此題之能事。」

末兩句「無奈夜長人不寐，數聲和月到簾櫳」由於砧聲不斷，愁思難禁，輾轉反側，難入夢鄉，真是無可奈何。再加上悲切的砧聲和月色浸透簾中，令人充滿離愁。

全詞共五句，只有第四句寫人，其餘皆以景托情，而思婦的形象卻表現突出，顯現技巧出神入化。

全詞從景中透露出愁情，透過對「深院」「小庭」夜深人靜時傳來風聲、搗衣聲以及月色透簾櫳的描寫，營造出幽怨欲絕的意境，以致夜長未寐的無奈。

情景交融，輕柔含蓄，思婦懷遠的複雜心態，委婉道出。

北宋作品

〈破陣子・四十年來家國〉

四十年來家國，三千里地山河。
鳳閣龍樓連霄漢，玉樹瓊枝作煙蘿，
幾曾識干戈？

一旦歸為臣虜，沈腰潘鬢消磨。
最是倉皇辭廟日，教坊猶奏別離歌，
垂淚對宮娥。

南唐自建國至李煜去國為 38 年，40 年為概數，山河領土遼闊。「鳳閣龍樓」指帝王居所。霄漢指天河，宮殿高聳雄偉，可與天際相連。「玉樹瓊枝」指美好珍貴的林木。「煙蘿」指茂密如煙雲籠罩，藤蘿纏綿。「幾曾識干戈」，生活奢華不知有戰爭（干戈）。

自從做了俘虜，以致腰肢瘦減，鬢髮斑白。

辭廟即辭別宗廟，投降北宋，樂工們奏起別離歌曲。痛苦欲絕，他只能對宮娥垂淚。

後主歸宋後，曾書云：「此中日夕以淚洗面」。

典故：

沈腰：沈約革帶常移孔，借代日漸消瘦。

潘鬢：潘岳 32 歲，頭髮灰白色，借代愁緒無限。

此詞上片寫繁華，描繪南唐昔日的繁榮昌盛，幅員遼闊，宮殿高大雄偉，宮苑內草木茂盛，展現盛世景象。下片寫亡國，淪為階下囚，處境淒涼，容貌瘦損，以及辭別宗廟時的悲痛場面。

表現手法：中間用「幾曾」「一旦」二詞貫穿轉折。

「幾曾識干戈」承接上片的繁華安逸，峰迴路轉，引出下片亡國之痛、悔恨之情，溢於言表。詞中更將上片的極盛與下片的極衰形成鮮明對比。始終飽含對故國的留戀、對亡國的悔恨以及身為「臣虜」的痛苦。

蘇軾：後主既為樊若水所賣，舉國與宋，當痛哭於九廟之外，謝其民而後行，竟乃揮淚宮娥，聽教坊離曲。

王國維：此舉恰好表現出李後主的真性情。家國淪喪，要與往日的自由和繁華告別，需要揮淚作別的對象中，自然包括那些日夕相處的宮娥。

有謂李煜精通音樂，善於創作樂曲，亡國前創作的〈念家山〉〈念家山破〉樂曲「宮中民間日夜奏之，未及兩月，傳滿江南」(邵思《雁門野說》)，可見他和樂工聯繫緊密，去國時樂工要為他送別，「奏別離歌」，實該是事實。

〈清平樂・別來春半〉

別來春半，觸目柔腸斷。

砌下落梅如雪亂，拂了一身還滿。

雁來音信無憑，路遙歸夢難成。

離恨恰如春草，更行更遠還生。

注釋：

1　春半：春天過了一半。

2　砌下：台階。

3　雁來：古代有鴻雁傳書的説法。

此詞約作於宋太祖開寶七年，李煜的弟弟李從善奉命入宋朝貢被扣留久未歸返，李煜因思念胞弟寫下此詞，亦表現對故國的眷戀與亡國之痛。

上片首句點出寫作時間，離開故國後的第一個仲春時節，愁緒滿懷，令人柔腸寸斷，落梅如雪片般紛亂，剛拂掉，全身又飄滿，兩句含蓄地把情和景交融一起。

以紛紛亂墜拂之不完的梅瓣，襯托那因亡國而引致紛亂的心緒，正是「剪不斷，理還亂」的具體寫法。

下片「雁來音信無憑」從殷切企盼到極度失望，唯有在夢中與故國相見。「路遙歸夢難成」，但是路途遙遠，歸去的夢也不能成，表現對故國的無限思念，語婉而意悲。

末二句寫離國之恨，像春天原野上的春草，不但與日俱增，還跟隨自己行蹤，走得愈遠，生長得愈繁多、茂盛。「更行更遠還生」一句三折吟咏，把「離恨」層次一個一個表現而出，而且更具體化、形象化，於是「離恨」的意象在我們眼前立體起來。

全詞比喻精妙：「落梅如雪」以視覺寫愁緒之紛亂。「春草更生」以動態寫離恨之綿延，意象生動且富有層次。通過「落梅」「春草」等意象，將離愁別恨寫得細膩入微。

虛實結合：上片寫眼前落梅，下片虛寫「雁信」「歸夢」，虛實相生，拓展情感時空。

全詞僅 46 字，通過「別」「亂」「無憑」

「還生」等詞層層遞進，情感跌宕，被譽為「自然透徹，筆力千鈞」。

俞陛雲《唐五代兩宋詞選釋》:「離恨恰如春草」短句一波三折，與春草之恣態韻味融成一片，外體物情，內抒心象，絕妙好詞。

王國維《人間詞話》:「李煜詞『以血書者』。此詞以春草喻恨，正是血書的典範。」

總之，本詞是著名寫離愁的詞。末兩句「離恨恰如春草，更行更遠還生」成為膾炙人口的金句。

〈子夜歌・人生愁恨何能免〉

人生愁恨何能免，銷魂獨我情何限！

故國夢重歸，覺來雙淚垂！

高樓誰與上？長記秋晴望。

往事已成空，還如一夢中。

〈子夜歌〉是〈菩薩蠻〉詞調的異名。

此詞作於李煜國破家亡，作為囚徒之後。

本詞可能是午夜夢醒時作，故稱〈子夜歌〉。

上片先從一般説起。人生悲愁與怨恨，不可避免。然後再縮小到自己這個個體，愁恨最長，內心痛苦綿綿無限。因為失去故國，成為囚徒，只有在夢中可以返回故國，追憶昔日繁華，但醒後則是痛苦更甚，只有「雙淚垂」。

下片講現在自己孤單，無人同上高樓遠眺，不由記起故國晴朗秋日遠望時光。往日繁華一去無蹤影，如過眼雲煙。人生如此短暫渺茫，彷彿逝去的春夢。

本詞兩番提到「夢」。前者是故國常在「夢」中歸來，後者是往事在「夢」中幻滅。後主得不到往日真實的人生，只有現時的空虛夢幻，令讀者同聲一哭。

全詞以「夢」為中心，集中寫「空」，八句詞句如白話入詞，以歌代哭，不加雕琢，用情真摯。既有對故國、往事的懷念，也有對囚徒生活的哀痛。「人生愁恨何能免，銷魂獨我情何限」直抒內心沉鬱愁恨，情感真摯。透過「故國夢重歸，覺來雙淚垂」，將夢中的美好與醒來之後的殘酷現實，形成鮮明對比。借登高望遠表達對故國思念，「往事成空」「如夢中」深化哀傷情感。

全詞感情充沛，激蕩心間，不加修飾。雖是白描，如「夢重歸」「雙淚垂」，字字句句卻印人腦際，永誌不忘。

五代南唐趙幹青綠山水　卷。
（來源：台北故宮博物院）

〈浣溪沙・轉燭飄蓬一夢歸〉

轉燭飄蓬一夢歸，欲尋陳跡悵人非。
天教心願與身違。

待月池台空逝水，映花樓閣漫斜暉，
登臨不惜更沾衣。

注釋：

1 轉燭：風吹燭光搖擺不定，比喻世事變化無常。

2 飄蓬：隨風飄起的蓬草，比喻漂泊不定。

3 陳跡：舊日留下的蹤跡。

4 悵人非：悵，惆悵、懊惱；人非，人事已非。

5 天教：上天使得。教：音「交」，使得。

6 心願與身違：心中願望與自身所為相違背。

7 登臨：登高臨水，遠眺風景。

8 不惜：不吝嗇。

9 更：一次又一次。

10 沾衣：眼淚沾濕衣衫。

此詞是李煜亡國後之作，以人生無常、故國之思為核心，展現階下囚心境。

上片三句：「轉燭」風吹燭火比喻世事變幻無常。「飄蓬」浮萍般漂泊，暗指人生滄桑，身世飄零，打算追尋往昔蹤跡，已是人事全非，令人惆悵。上天注定是要我所做的違背心願。

下片三句：「待月」台榭只剩下一彎悄然流逝的綠水，花枝掩映的樓閣，鋪滿落日的餘暉。登高望遠觸發故國之思，淚水濕透衣襟。

據《南唐書》記載，李煜常登高遠眺故國方向，卻因宋太宗的嚴密監視，無法實現，詞中「登臨不惜更沾衣」即源於此。

此詞寫夢中的故國，人事已非，滿目肅然，亡國之痛，油然而生。

世事變幻莫測，像那風搖燭火，又像是漂流的浮萍一樣，最終只是夢一場。想要尋找往昔的舊痕，可惜人事全非，給人帶來無限惆悵。內心所想與實際情況相反，這是天意如此吧。

在夢中「待月池台」的往事，今非昔比，池水於今不知為誰而流，「映花樓閣」上的斜陽也不知為誰而照耀。末句敘述夢魂在宮苑中單獨遊蕩，不禁淚如雨下，沾濕羅衣。「更」說明不止一次為此悲傷而流淚，證明被俘入宋後，終日「以淚洗面」。

俞陛雲《唐五代兩宋詞選釋》:「登臨不惜更沾衣」句將亡國之痛化為血淚，字字沉痛，讀之令人心碎。

王國維《人間詞話》: 李煜詞「以血書者」。此詞以「一夢歸」「心願違」等詞，展現「不失赤子之心」的真情。

總結：

這是李煜後期詞作的典範，通過「轉燭」「飄蓬」等意象，將人生無常與亡國之痛融為一體，既有對現實的絕望控訴，又有對故國的深切眷戀，被譽為「血淚之詞」，深刻體現李煜從帝王到囚徒的心境變化。

〈望江梅（其一）．閒夢遠〉

閒夢遠，南國正芳春。

船上管弦江面綠，

滿城飛絮輥輕塵，

忙殺看花人！

本詞是李後主亡國入宋後的作品。

借夢境寫故國春色，表達囚居生活中的故國情思。「南國正芳春」極其生動地描繪江南美好春光，卻只是夢裏繁華。開首以「閒」説夢，實則作者憂思是無時無刻，非為真「閒」。「夢遠」是寫實，故國不能回，天涯阻隔，可望而不可及，由此作者無奈、痛楚的心境，已悄然而出。

不以江水為主角，只作為背景，寫江面遊船上，人們吹管弄弦歡樂熱鬧的氣氛，「船上管弦江面綠」。再擴展寫滿城柳絮紛飛，遊人穿梭不息，車輪不停轉動，路上塵土滾滾情景，「忙殺」，忙壞了看花人，「輥輕塵」三字側面表現遊人多、車水馬龍的情況。此熱鬧美好情景不斷在夢中出現，反襯此時李煜被囚的孤寂難耐，夢魂中對故國的依戀。

〈望江梅（其二）．閒夢遠〉

閒夢遠，南國正清秋。

千里江山寒色遠，

蘆花深處泊孤舟，

笛在月明樓。

本詞是南唐後主李煜亡國入宋後的詞作，透過描繪清秋時節、千里江山的寒色、蘆花深處的孤舟、月明樓中的笛聲等景象，採取夢幻形式，將虛景與實景融合為一，借夢境抒情，表達對故國清幽秋景的思念。在夢中的江南秋天毫無肅殺氣氛，只見到江邊茂盛的蘆花和停泊深處的孤舟，「蘆花深處泊孤舟」，突顯月明樓傳來悠揚的吹笛聲。寫景技巧由遠至近、由全景到特寫，有層次呈現眼前，佈局高超。縱秋日常見景物，亦浸透了李煜的亡國之痛。

〈望江南（其一）·多少恨〉

多少恨，昨夜夢魂中。

還似舊時遊上苑，

車如流水馬如龍。

花月正春風。

據宋代王銍《默記》記載，李煜降宋後日夕以淚洗面，常於深夜追憶宮廷生活。此詞通過「夢」與「醒」對比，宣泄其對故國的眷戀與現實的絕望。

開篇直抒胸臆「多少恨」，以反問強化愁緒之深，「恨」是指對亡國的悔恨、對囚徒生涯的屈辱。

「昨夜夢魂中」點愁恨的源頭。一場夢將詞人帶到過去的繁華，卻又在醒來後更添沉痛。回到南唐上苑皇家園林，車水馬龍，熱鬧場景反襯現實無人共賞的孤寂。

以「花月」「春風」極富春意的意境，上苑一切那麼鮮活美好，都只是夢中的幻影。醒來只剩「春去也」的空蕩。

特色：以夢寫哀，以「樂景寫哀景」手法，「夢」與「醒」，「舊時」與「如今」，「繁華」與「孤寂」對比貫穿全詞。夢中「遊上苑」的「熱鬧」與醒後「囚徒」的淒涼，過去「春風」「花月」的美好與現在國破家亡的悲慘形成巨大落差。

起句「多少恨」三字，突出全詞感情色彩，道出「恨」的原因。

賞析：

夢憶往日南唐盛況為何會引致無窮無盡的恨？可見此時後主有追悔之意。

1. 自己過於縱情聲色，沉溺浮圖，聽信奸佞，妄害忠良，以致失國的悔恨。

2. 成了囚徒後，尊嚴被踐踏，小周后要陪侍宋太宗的憤恨。

3. 昔為至尊，今為囚徒，任人蹂躪生命，屈辱求存。

以上恨緒縈繞夢魂，永不得安寧。

本詞用的是以反寫正的藝術手法，以樂來反襯苦，筆意有曲婉之感。

王國維《人間詞話》：此詞的「夢」與

「醒」之辨，正體現李煜「以血書情」的赤子之心。

陳廷焯《云韶集》:「多少恨」三字劈空而來，真是一片性靈，不關人力，短短三字，道盡亡國之君的無限悲愴。

〈望江南（其二）‧多少淚〉

多少淚，斷臉復橫頤。

心事莫將和淚說，

鳳笙休向淚時吹，

腸斷更無疑。

注釋：

1 斷臉復橫頤：形容眼淚在面頰上縱橫交流的狀態。復：不停地流。

2 心事莫將和淚説：心事不要流淚時對人説。應為「莫將心事和淚説」。

本詞是李煜被囚而作的，承接前詞「多少恨」而寫下。前詞極寫往昔南唐的繁華只是短暫即逝的春夢，醒覺之後面對殘酷的現實不禁淚如雨下。「多少淚，斷臉復橫頤」透過流淚情景，表達詞人對故國的追戀、亡國之痛。寫淚在面頰上縱橫交流。

內心煩惱與怒恨不可訴説「心事莫將和淚説」，即使借助樂器來抒發也不行，徒增加肝腸寸斷「鳳笙休向淚時吹，腸斷更無疑」，為了保全生命，不敢説出心裏話。

賞析：

「斷臉復橫頤」，眼淚不停地流，從面頰再順着下巴（頤）流下去，形象化地寫出李後主曾對人說：臣虜期間「日夕只以眼淚洗面」的實況。

李後主被曹雪芹稱為「古之傷心人」，降宋後，由凌駕萬人之上的九五之尊，淪落為任人凌辱的階下囚，經歷千古人生的大喜大悲，悔恨長伴，追懷不斷。

此詞乃為表達對現實處境的無限淒涼之情而創作。

本詞〈望江南・多少淚〉是直筆明寫，用的是正見正寫，直抒胸臆的藝術手法，愈見沉痛之感。

〈望江南・多少恨〉用的是以反寫正，以樂反襯苦，筆意有曲婉之感，兩詞同讀，對李後主的憂思愁緒則體會更深。

五代南唐趙幹青綠山水　卷。
（來源：台北故宮博物院）

〈蝶戀花．遙夜亭皋閒信步〉

遙夜亭皋閒信步，乍過清明，
早覺傷春暮。
數點雨聲風約住，朦朧淡月雲來去。

桃李依依春暗度，誰在鞦韆，
笑裏低低語。
一片芳心千萬緒，人間沒個安排處。

注釋：

1　遙夜：長夜漫漫。

2　亭：平地。皋：水旁地。

3　閒信步：休閒地隨意地走來走去。

4　乍過：剛剛過。

5　傷春暮：暮春將到而為之悲傷。

6　雨聲風約住：語法倒置，「風約住數點雨聲」，即是雨聲給風歇止了。

7　桃李依依：桃花、李花。依依：輕柔飄動。

8　春暗度：春天在暗中偷偷地溜走了。

9　沒個安排處：沒有可寄託的去處。

此詞作於李煜降宋後的囚禁時期。據《南唐書》記載，李煜被俘後，常於深夜獨自徘徊，借自然景物排遣亡國之痛。

上片前三句交代時間、地點，並引出主題：「傷春」。

第四、五句「數點雨聲風約住，朦朧淡月雲來去」神來之筆描繪景色，「風」能「約」雨聲，令雨聲停了，淡月在雲彩中來來去去，把自然物人格化、形象化。與張先的「雲破月來花弄影」相比，「有過之而無不及」。

下片首句惋惜春天桃李爭妍的美景快將消失，而聽到牆外有人蕩鞦韆，充滿歡愉，反襯出詞人的孤寂，而今棲身的不是故國，而是異國囚室，「人間沒個安排處」意謂人世間沒有他容身之處，耐人尋味。

詞中「傷春暮」「沒個安排處」暗含對個人命運的哀痛。此詞是李煜晚期作品，寫於清明過後，預感到春光行將消逝，因而悲傷起來。

末句寫出詞人千頭萬緒，在人間無處可以寄託。因為成了囚徒，寄身在非無願之地，感到悲哀。

全詞敘事簡單。透過對風、雨、雲、月、桃花、李樹、佳人等，以及面對春暮時不同反應，層層渲染，情景交融，反襯詞人的落寞，殊堪細味。

〈浪淘沙・往事只堪哀〉

往事只堪哀，對景難排。
秋風庭院蘚侵階。
一桁珠簾閒不捲，終日誰來。

金鎖已沉埋，壯氣蒿萊，
晚涼天淨月華開。
想得玉樓瑤殿影，空照秦淮。

本詞是李煜囚居於汴梁時，懷念故國之作。

上片：首句寫出追憶往事只給自己帶來悲哀，面對景物愁思難解，「往事只堪哀，對景難排」。由於失去故國，被囚禁在汴梁，歡樂的往事與今日煩悶寂寞的生活相比，真有雲泥之別。

「一桁珠簾閒不捲，終日誰來」寫的是實況，整日悶坐，門口有老卒把守，拒絕探訪，沒有宋主的詔會任何人也不能來，有人來才打掃院子。

「秋風庭院蘚侵階」，側面寫許久沒有客人來，遂使庭院的台階佈滿苔蘚，寫出居處門禁森嚴，因聖旨規定「不得與外人接觸」。

下片：摧敵鐵鎖已沉江底深埋，豪情壯志已付諸淒迷野草，不復存在。故謂「金鎖已沉埋，壯氣蒿萊」。

抬頭眺望明淨夜空，月華普照，想像此時金陵的華麗宮殿樓閣影在秦淮河上，可惜自己遠在異國，無緣再欣賞此美景，所以說「空照」。深切地表現「物是人非」的無奈感。

全詞想像與現實交替對照，意境開闊。

李後主靠緬懷往事的美好和無限江山的綺麗，來支撐自己在汴京的痛苦生活。他的「想得玉樓瑤殿影，空照秦淮」句，讓宋帝不放心，埋下他必被賜死的訊號。

五代南唐趙幹青綠山水　卷。
（來源：台北故宮博物院）

〈烏夜啼・林花謝了春紅〉

又名〈相見歡・林花謝了春紅〉

林花謝了春紅，太匆匆。

無奈朝來寒雨晚來風。

胭脂淚，留人醉，幾時重。

自是人生長恨水長東。

此詞不是一般傷春之作。李後主把春花凋謝、水長東流這些自然界規律與「人生長恨」並寫，是經過不少悲酸而悟得，益令人悲慟。正如王國維說「眼界始大，感慨遂深」。

花兒經受不起狂風驟雨摧殘，而凋謝暗喻自己帝王生活經不起外界打擊，以致國破家亡，淪為囚徒。

表面上寫花「林花謝了」，實際上寫人「朝來寒雨晚來風」。

下片「胭脂淚，留人醉」承上啟下，語意相關，林花遇雨，狀若紅淚。女子傷別，淚濕胭脂，令人留戀。然而相見無期，離恨如同江水向東流，永無盡頭，「人生長恨水長東」。

這是一首以意象組合為意境的詞作，包含多重寓意：

1. 感於生命凋謝：人生短暫「林花謝

了春紅，太匆匆」。

2. 感於家國淪亡：世事無常「朝來寒雨晚來風」。

後主的痛苦是人類共有的痛苦，其詞境界宏大，具永恆的生命意義。

後主經歷過國破家亡的慘痛，此中由林花凋落引發對生命苦難無常的感悟。「人生長恨水長東」並不出於理性的視察，而出於感性直覺的體認。

後主喜歡用流水表現一種無可挽救的往事，例如：

流水落花春去也——〈浪淘沙〉
一江春水向東流——〈虞美人〉
人生長恨水長東——〈烏夜啼〉

在沉痛之中有豪放之致，景象開闊，境界宏大。皆花間詞中之未見，為詞之發展一大突破。

全詞採用白描手法，不事雕琢。語淺情深，明白如畫。

〈烏夜啼・無言獨上西樓〉

又名〈相見歡・無言獨上西樓〉

無言獨上西樓，月如鉤。

寂寞梧桐深院鎖清秋。

剪不斷，理還亂，是離愁。

別是一般滋味在心頭。

注釋：

1 月如鉤：月亮像彎曲的掛鉤，指的是新月。農曆每月上旬，月亮形狀彎曲細長。

2 梧桐：樹木名，梧桐葉落得最早，「一葉知秋」表示秋天到來。

3 鎖清秋：秋天的清冷景色被鎖閉在深深庭園裏。

4 剪不斷，理還亂：比喻愁緒如蠶絲，要剪也剪不斷，要梳理卻更紛亂。

此詞為李煜後期作品。由於成了囚徒，被軟禁在清冷寂靜深院裏，屋外有士兵把守，不得與人來往，只有默然無語，獨自登上西樓眺望殘缺新月。

上片首句「無言獨上西樓，月如鉤」以「無言」「獨上」勾勒形單影隻，揭示內心無處傾訴的壓抑。「月如鉤」殘月如鉤，既寫現實，亦暗喻人生殘缺與聚散無常。

「寂寞梧桐深院鎖清秋」，「鎖」字為詞眼，既指秋色籠罩深院，更隱喻身陷囹圄，失去自由。

思念故國之情，油然而生。用蠶絲為喻，形象生動，抒發不能擺脱無法剪除愁恨的苦悶。末句不從視覺而純粹從內心感覺來寫，只有憑讀者自己去體會「別是一般滋味在心頭」。

俞平伯云：「『無言獨上西樓』一句，已攝盡淒婉神情。」

黃昇：「此詞最淒婉，所謂亡國之音哀以思。」(《唐宋諸賢絕妙詞選》)

將抽象的愁，設想為具體之物，剪不斷它，理它卻愈亂，比起「離恨恰如春草，更行更遠還生」來得更深刻。

名句今用：

「剪不斷，理還亂」已成為中華文化中表達糾結心緒的經典隱喻。可見李後主詞句的情感穿透力，跨越千年。

五代南唐趙幹青綠山水 卷。
（來源：台北故宮博物院）

〈浪淘沙・簾外雨潺潺〉

簾外雨潺潺，春意闌珊。
羅衾不耐五更寒。
夢裏不知身是客，一晌貪歡。

獨自莫憑欄，無限江山，
別时容易見時難。
流水落花春去也，天上人間。

詞中起首描繪的細雨和寒風，象徵李後主孤獨和失落的心境，表現對現實困境的無奈和對昔日美好時光的懷念。全詞貫穿傷春、悲春情緒，感傷春天的流逝、生命的凋謝、故國的淪亡。由傷故國，進而生出自責的心理。

上片首句「簾外雨潺潺」描繪雨水在簾外連綿不斷地滴落的景象。營造出孤寂、淒清的氣氛。

「春意闌珊」點明時節是暮春，透過「闌珊」（衰殘、將盡）二字將雨聲與春天的逝去、美好事物的凋逝聯繫，將外在景象與內心哀愁融為一體，意境深遠。

「羅衾」指綢被子，「不耐」指接受不了。此句從側面烘托詞人內心的悽苦，不僅是身體上的寒冷，更是心靈上的淒冷。「夢裏不知身是客，一晌貪歡」，「客」指被囚汴京，形同囚徒，夢中貪戀片刻歡娛，然而夢醒卻加倍地痛苦，夢裏夢外的反差，更突顯了他的故土之思和囚徒之悲。

「夢裏不知身是客，一晌貪歡」以平常語說出身為臣虜，卻依然沉溺於以前君主的享樂，夢醒了，必須承受現實的悲哀。

下片：「獨自莫憑欄，無限江山」二句最為沉痛。詞人身遭幽禁的怨楚、絕望的情緒在這九字中包蘊無餘。

「別時容易見時難」一句，説出過去與今後之情況。自知相見無期，而下世亦不久矣，「天上人間」到別一世界去追尋心中永恆的夢境。此詞將亡國之痛，囚徒之悲和故土之思推向高潮。

北宋《西清詩話》云：「南唐李後主歸降後，每懷江國，且念嬪妾散落，鬱鬱不自聊，遂作此詞。念思淒惋，未幾下世。」認為本詞是後主絕筆。

今人唐圭章亦表示贊同〈浪淘沙〉是後主絕筆：「殆後主絕筆，語意慘然。五更夢回，寒雨潺潺，其境之黯淡、淒涼可知。」

〈虞美人・春花秋月何時了〉

春花秋月何時了？往事知多少。
小樓昨夜又東風，
故國不堪回首月明中。

雕欄玉砌應猶在，只是朱顏改。
問君能有幾多愁？
恰似一江春水向東流。

此詞是李煜的代表作，也是他的絕命詞。公元 978 年李煜囚汴京已近 3 年，相傳於七月七日生辰晚上，命南唐隨同的歌伎作樂唱此詞，宋太宗聞知，賜牽機藥將他毒死。

此詞作最能表達李煜的內心世界，通過細膩的自然景象和個人感情，表達對故國美好時光的追念，對國破家亡的無奈與哀傷，反映亡國之君的內心掙扎。

首先以問句開篇，常人面對「春花秋月」會有陶醉之情，「小樓」「東風」也令人有喜悅之感，但李後主的感受不同，變成囚徒的苦楚揮之不去，亡國傷感之情，見於「不堪回首」「何時了」的詞句中。「雕欄玉砌」指故國華美宮殿，「應猶在」帶着猶疑懸想，那些宮殿或許還在，只是人不一樣了。末二句抒發「物是人非」的痛楚，自問自答，愁怨如同春水東流，永無止境。

在今昔對照下，後主傷感故國之情被層層强化，運用許多經典意象：「花」「月」「小樓」「東風」「雕欄」「朱顏」「江水」「東流」直抒胸臆，深情至誠。讀後主詞，不在意他是個不稱職的帝王、亡國之君，而其中文字有着廣闊的能量，扣人心弦。「問君能有幾多愁？恰似一江春水向東流」愁本來是抽象的，用比喻把它變得具體，成為寫愁的絕句。

設問句「問君」實際問所有人，使本來只是一己的愁與眾人的愁融合在一起。

賞析：

「春花秋月何時了？往事知多少」「雕欄玉砌應猶在」：後主所表現的雖然是個人一己的悲哀，卻足以包含所有人類的悲哀。〈虞美人．春花秋月何時了〉詞中的意象是美好的勾勒，卻成了一幅沉鬱畫面，貫穿李煜亡國的哀思。

「問君能有幾多愁？恰似一江春水向東流」：悲愁與春水長流奔放傾瀉之勢，與七字及九字的語勢配合，用字造句，感情真摯，氣象廣闊。

唐圭璋〈李後主評傳〉:「他身為國主，富貴繁華到了極點，而身經亡國，繁華消歇，不堪回首，悲哀也到了極點，正因為一人身經這種極端的悲與樂，遂使他在文學上的收成也格外光榮而偉大。」

當我們吟誦〈虞美人．春花秋月何時了〉時，可有慶幸李煜的存在，否則又有何人，可以開拓宋詞之先，成為詞中帝主。

葉嘉瑩提到，李煜〈虞美人〉「開端的『春花秋月何時了？往事知多少』僅此兩句正是所有人都共同親歷和常見的景象，寫得如此率真自然，他對一切事物之感受與

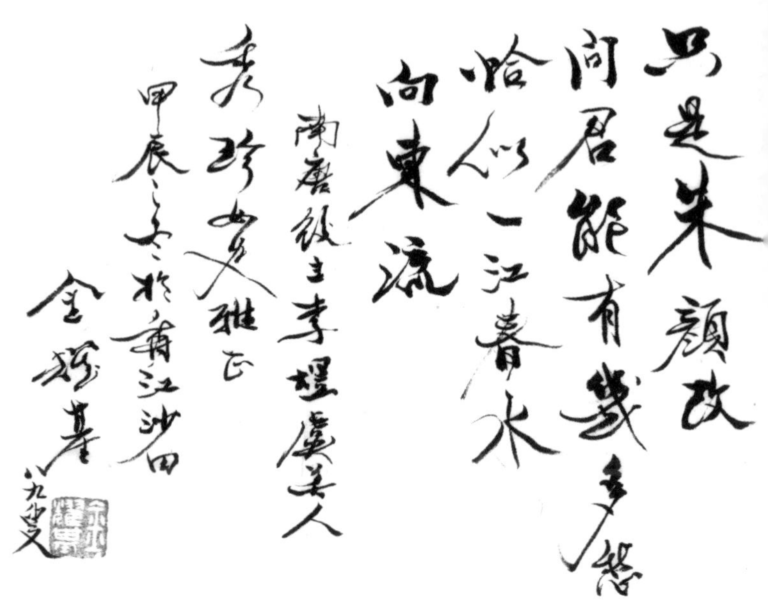

表現態度，全出於直感而不假雕飾」，「他能以全心感受哀愁，正如其早期作品能以全心去感受歡樂」，所以李後主此詞能從「一己回首故國之悲，寫出千古人世的無

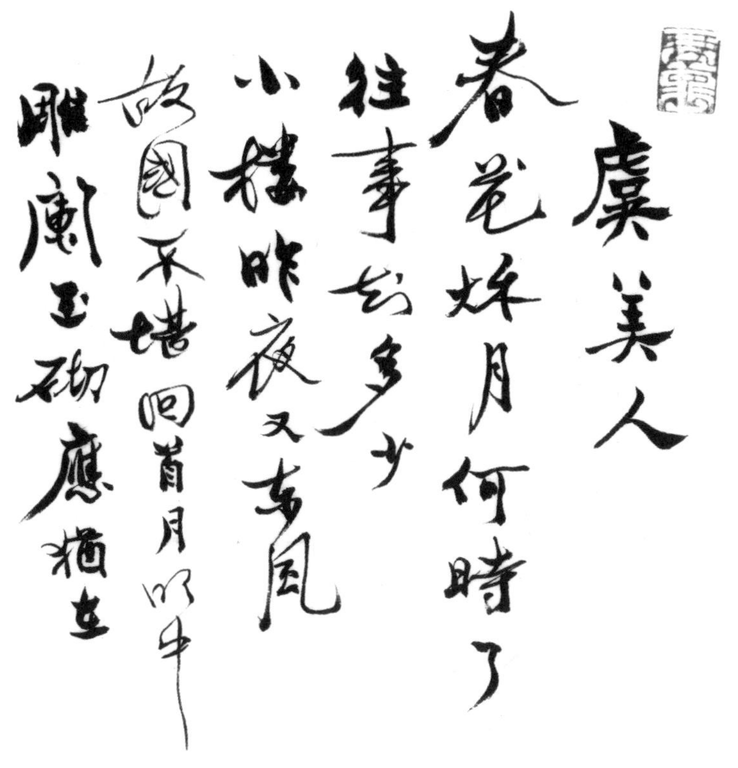

常之痛，而且更以『春花秋月』及『一江春水』如此真切的形象，表現出一種超越古今和無盡的氣象」。

影響

文化傳承與創作

李後主的一生跌宕起伏，從帝王到囚徒，猶如從天堂到地獄。他雖失去江山，但留下千古傳誦的佳作，成為文學史上的「一代詞宗」。他的故事，至今仍然令人感慨。

李後主詞作，不僅是個人情感的流露，也是南唐歷史文化的承載，不但在文學上被重視，也成為許多影視作品和音樂創作的重要素材。現代文學家將李後主的故事及詞作音樂改編，表示出對其的認同和傳承。由於李詞表現出對人生愛情和命運的思考，提供豐富的主題和素材，從個人的生活體驗從而探究其內心世界，正好契合現代文學的趨勢。

李後主多首詞作如〈相見歡〉〈烏夜啼〉和〈虞美人〉在華語流行音樂中被廣泛引

用，在保留原有詞作情感深度的基礎上，通過現代音樂的形式重新演繹，在現今聽眾中煥發新生。

在鄧麗君演唱的專輯《淡淡幽情》中，改編〈長相思〉〈獨上西樓〉〈幾多愁〉等多首李後主詞作，展現人生苦楚。

梅楣亦演唱過李後主〈虞美人〉，《經典咏流傳》綜藝節目中，有編新曲唱〈虞美人〉。

《陳美齡精選》也有李後主詞，譜新曲唱〈虞美人〉。

粵曲作品如：《李後主之〈去國歸降〉》（葉紹德撰曲），末段加入〈破陣子〉原詞，由任劍輝、白雪仙主唱。

《雛鳳鳴之李後主〈私會〉》，由龍劍笙、梅雪詩主唱，演繹李後主與小周后的相戀。

近人粵曲創作家羅文撰寫：《櫻桃落盡

春歸去》及《南唐殘夢》，分別演繹李後主與大周后及小周后的愛情故事。其他計有：〈魂夢繞山河〉〈揮淚別南唐〉〈李後主之自焚〉〈歸天〉……不勝枚舉。

此外，「仙鳳鳴」電影《李後主》及不少粵劇團演出粵劇劇目《李後主》或《小周后》，都是以李後主的生活為題材。

可見李後主的影響在影視藝術中發揚光大。

附錄

附錄一
李後主詞的意象創作

詞的創作離不開意象的創作。讀李後主詞，先要認識甚麼是意象。

有謂後主詞的意象主要源於：

1. 融化古人詩語。
2. 采擷當時流行之文學想像。
3. 物我相感而自我塑造詞境。

例如李詞〈謝新恩〉:「又是過重陽，台榭登臨處，茱萸香墜」，融化王維〈九月九日憶山東兄弟〉:「遙知兄弟登高處，遍插茱萸少一人」詩意。而所表達愁恨更為深長。

五代十國詞人中有共同構思的意象，

比如懷念遠人，則有「登樓」「倚欄」「卷簾」之類的行為表現：

手卷真珠上玉鈎，依前春恨鎖重樓。

——李璟〈浣溪沙〉

留連光景惜朱顏，黄昏獨倚闌。

——李煜〈阮郎歸〉

無言獨上西樓，月如鈎。

——李煜〈烏夜啼〉

獨自莫憑欄，無限江山。

——李煜〈浪淘沙〉

後主詞從日常習見景物入手，注入主觀感情，塑造新的詞境，例如「春花秋月」「流水」「落花」，具有生命的寓意：

流水落花春去也。

——〈浪淘沙〉

林花謝了春紅，太匆匆。

——〈相見歡〉

春花秋月何時了。

——〈虞美人〉

後主詞的藝術魅力，與其意象經營成功，密不可分。

李後主是亡國之君，痛苦是必然的。後世讀者，都不是亡國之君，為何也能被他的詞感動？因為他的真誠，具赤子之心，全心傾注，加上他的「文字意象」，勾起我們在生命中面對的無常際遇和傷痛的聯想，這就是後主詞偉大的地方。他以他的靈魂血書了自己短暫、無常的人生，產生共鳴。

附錄二
李後主詞的記「夢」

李煜傳世詞作不過 30 餘首，與夢相關的有 18 首。前期作品記夢多寫男歡女愛、離愁別緒，例如：

可奈情懷，欲睡朦朧入夢來。

——〈採桑子〉

宴罷又成空，夢迷春雨中。

——〈菩薩蠻〉

夢回芳草思依依，天遠雁聲稀。

——〈喜遷鶯〉

後期作品的夢境多與故國相關，例如：

閒夢遠，南國正芳春。

——〈望江梅〉

多少恨，昨夜夢魂中。

——〈望江南〉

都是因為對故國生活的回望。又如〈子夜歌〉：

人生愁恨何能免，銷魂獨我情何限！故國夢重歸，覺來雙淚垂！

高樓誰與上？長記秋晴望。往事已成空，還如一夢中。

起句言人生愁恨難免，故而人人有愁，人人有恨。

詞人時刻思念故國，只有夢中才能重見。夢醒了，只有雙淚垂。此與「夢裏不知身是客，一晌貪歡」的精神實質相通。在此終日以眼淚洗面的囚徒日子裏，夢鄉就成了最好的去處，哪怕一晌貪歡，也可以令人沉溺其中，不願醒來。雖然醒了，卻更想假裝自己還在夢中，才可以暫時逃避作為汴京客的屈辱、階下囚、寄人籬下的淒涼。

現實生活中，他不能再以主人身份支配南唐財富，只能求宋太宗給他增加俸祿。無論宋太宗如何羞辱他，李煜都只能叩頭謝恩，甚至連小周后被辱，也要忍氣吞聲。

只有在夢裏，他才能脫離這一切現實中的悲慘。這虛偽的歡樂和短暫盡歡之後，將是更加難耐的春寒出現。

附錄三
解說李璟詞兩首

劉毓盤《詞史》:「言辭者必首數三李，謂唐之太白，南唐之二主與宋之易安」，在古典詩詞歷史中，他把李白、李璟與李煜、李清照置於同等地位，因把李璟、李煜視為一家，稱為「三李」。

李璟沒有兒子李煜千迴百折悲劇化的經歷，也沒有父親李昪的雄才大略，但同樣敏感多才。其詞作雖不多，但以其優雅語言、深刻情感和細膩描寫見稱。尤其以〈浣溪沙〉系列著名。

〈攤破浣溪沙〉(其一)

菡萏香銷翠葉殘，西風愁起綠波間。還與韶光共憔悴，不堪看。

細雨夢回雞塞遠，小樓吹徹玉笙寒。多少淚珠何限恨，倚闌干。

上片：

描繪秋天的景象，表達對時光流逝的感慨。

下片：

通過夢境和現實對比，傳達對遠方愛侶的思念與愁苦。

此詞是李璟傳世詞作中流傳最廣的一篇。

王安石盛讚「細雨夢回雞塞遠，小樓吹徹玉笙寒」兩句，認為其藝術造詣甚至高於李煜的「問君能有幾多愁，恰似一江春水向東流」。

近代王國維《人間詞話》對「菡萏」兩句，激賞有加，讚其「大有眾芳蕪穢，美人遲暮之感」。

清麗的雅致，基本上已擺脱花間詞雕琢的弊病，又貴在靈活而不板滯。

話説李璟登位後，著名詞人馮延巳得到重用，君臣二人經常談詩論詞。有一次馮延巳創作一詞〈謁金門〉：

風乍起，吹皺一池春水。閒引鴛鴦香徑里，手挼香杏蕊。

鬥鴨闌干獨倚，碧玉搔頭斜墜。終日望君君不至，舉頭聞鵲喜。

後人大多認為馮延巳借閨怨情懷表達對政治追求。

《南唐書》記載，馮延巳將此詞呈給中主，李璟讀到後：「風乍起，吹皺一池春水。干卿何事？」馮延巳回答：「未若陛下『小樓吹徹玉笙寒』也。」一句恭維語令李璟龍顏大悅。

〈攤破浣溪沙〉（其二）
又名〈山花子〉

手卷真珠上玉鉤，依前春恨鎖重樓。
風裏落花誰是主？思悠悠。
青鳥不傳雲外信，丁香空結雨中愁。
回首綠波三楚暮，接天流。

此詞主人當是深閨中的女子，似在思念遠人，還有落花無主的重樓春恨。

誰是這落花的主人？千山雲外，不見歸人身影。連青鳥信使都不曾傳來半點音訊。形象地表達思念之苦：綻放在雨中的丁香花，也不知是開給誰看。

名句「青鳥不傳雲外信，丁香空結雨中愁」透過自然景象反映內心情感。

寄意：好花當有人賞，佳人當有人伴，這大好河山，當有明君經營。

總結：李璟更注重清新自然與細膩情感，而李煜則通過純真而深邃的情感傾注，展現人生悲喜無常與歷史變遷帶來的痛苦。這種差異當然與個人性格和經歷有關，也體現了他們不同的處境和文化氛圍。

附錄四
王國維《人間詞話》評李後主詞

（一）詞至後主眼界始大，感慨遂深，遂變伶工之詞為士大夫之詞。

釋義：

1. 伶工詞：晚唐五代主流，歌女樂工演唱於歌樓舞台或花間月下供娛樂之詞。

2. 士大夫詞：表現情志，寄託感慨，抒寫文人憂患，涉及社會家國人生。

特色：

（1）題材開闊：懷念故國情緒引入詞作。

（2）深化情感及哲理意識：把歲月流逝、離別相思之情昇華為人生憂患意識。

從此，詞不再是只供酬喝玩賞的娛樂文學，成了士大夫階層寄託理想抒寫人生憂患的藝術表現。例如：「獨自莫憑欄，無限江山，別時容易見時難」「胭脂淚，留人醉，幾時重」「自是人生長恨水長東」。

（3）境界大，感慨深。

涵蓋人生共有的悲傷，所表現之人生出於真情直覺的體認，具永恆意義。例如：「林花謝了春紅，太匆匆」由林花凋謝引發「自是人生長恨水長東」這一對生命的苦難無常的認知。此種體認來自後主所經歷的一段破國亡家的慘痛，並非來自理性思索。

（二）王國維引尼采之說：「一切文學，余愛以血書者。」

後主詞真可說是以血書者也。後主詞所表現的，雖然是個人一己的悲哀，卻足以包含所有人類的悲哀。詞作內容無所掩飾，全出於真摯感情的傾注，表裏如一，純真任縱，聲情一致，故謂境界大，感慨深。例如：「離恨恰如春草，更行更遠還生」芳草連接天涯，纏綿婉轉；「問君能有幾多愁，恰似一江春水向東流」春水傾瀉，氣象廣闊。

後主詞抒寫人生短暫，世事無常。有謂他的痛苦係人類共有的痛苦，他的人生缺陷係人類共有的缺陷。李後主詞不僅限於愛情和宮廷生活，還涉及人生哲理、家國情懷等多種主題，拓寬了詞的領域。

王國維在《人間詞話》提到李後主詞具有「神秀」特質，强調其作品不僅情感深刻、真摯。在思想上富有境界，超越個人的悲痛，觸及更廣泛的人生哲理，受到文人的傳承與研究。

李後主詞用白描手法，精煉而自然，善於通過具體形象表達情感，以尋常語展現深厚意境，極具感染力。他在文學史上佔據重要地位，尊為「詞聖」。

附錄五
葉嘉瑩詩三首 論李後主

（一）

悲歡一例付歌吟，樂既沉酣痛亦深，
莫道後先風格異，真情無改是詞心。

論者多以後主詞：前期以享樂、淫靡為主，後期多人生感傷。

葉嘉瑩卻認為後主詞前後內容雖不同，但都是真摯感情全心傾注，「真情無改」是作詞的本心。

（二）

林花開謝總傷神，風雨無情葬好春。

悟到人生有長恨，血痕染人淚痕新。

有謂李後主詞〈烏夜啼〉有「林花謝了春紅，太匆匆」之句，浸透其哀傷之情，認為「風雨無情」。〈烏夜啼〉又有「自是人生長恨水長東」之句。可見李後主詞真所謂以血書者也，由對自然的啟發而及於人生的領悟，由個人哀傷而及於人類的共同感。

（三）

憑欄無限舊江山，嘆息東流水不還。
小令能傳家國恨，不教詞境囿〈花間〉。

有謂〈浪淘沙〉詞有「獨自莫憑欄」句，又有「流水落花春去也」「自是人生長恨水長東」「恰似一江春水向東流」之句，皆嘆息「東流水不還」，最後本詩作者以為李後主詞抒寫人生之感，家國之恨，沉哀中有雄放之致，不似「花間」詞局限於閨閣園亭之景。

附錄六
論李後主 詩兩首

（一）

玉樓瑤殿[1]枉回頭，天上人間恨未休[2]。
不用流珠[3]詢舊譜，一江春水足千秋[4]。

——周之琦

注釋：

1 〈浪淘沙〉：「想得玉樓瑤影，空照秦淮」。

2 比喻故國難歸，有如天地之隔。

3 流珠：南唐宮女，工琵琶，能追懷大周后諸樂譜。

4 〈虞美人〉有一江春水的超邁詞語，不必求其唱法，足以流傳千秋。

（二）

傷心秋月[1]與春花，獨自憑欄[2]度歲華。
便作詞人秦柳上，如何偏屬帝王家。[3]

——譚瑩

注釋：

1 〈虞美人〉詞有「春花秋月何時了」之句。

2 〈浪淘沙〉詞有「獨自莫憑欄，無限江山」之句。

3 末二句：以為李煜具備詞章才華，當在柳永，秦觀之上，卻身為君主遭遇不幸。

《南唐書》黃氏保儀「容態華麗，冠絕當世，顧眄顰笑，無不妍姣。其書學技能，皆出於天性」，流珠貌美多才。

清人張寒坪詩云：「保儀玉貌流珠慧，輸爾承恩最少年」，認為她們都輸在不及小周后年少。

李煜已年過不惑，對着眼前純真爛漫少女動了心，尤其畫堂一見，讓他欲罷不能。

《南唐書昭惠后傳》，形容小周后：「警敏有才思，神彩端靜」「貌尤綺麗」，如素雅清新的李花。

附錄七 歐陽修《新五代史·南唐世家第二》原文（節選）

煜字重光，初名從嘉，景第六子也。煜為人仁孝，善屬文，工書畫，而豐額、駢齒，一目重瞳子。自太子冀已上，五子皆早亡，煜以次封吳王。建隆二年，景遷南都，立煜為太子，留監國。景卒，煜嗣立於金陵。

開寶四年，煜遣其弟韓王從善朝京師，遂留不遣。煜手疏求從善還國，太祖皇帝不許。煜嘗怏怏以國蹙為憂，日與臣下酣宴，愁思悲歌不已。

五年，煜下令貶損制度。下書稱教，改中書、門下省為左、右內史府，尚書省為司會府，御史臺為司憲府，翰林為文館，樞密院為光政院，諸王皆為國公，以尊朝廷。煜性驕侈，好聲色，又喜浮圖，為高談，不恤政事。

六年，內史舍人潘佑上書極諫，煜收下獄，佑自縊死。

七年，太祖皇帝遣使詔煜赴闕，煜稱疾不行，王師南征，煜遣徐鉉、周惟簡等奉表朝廷求緩師，不答。八年十二月，王師克金陵。九年，煜俘至京師，太祖赦之，封煜違命侯，拜左千牛衛將軍。

聲音導讀

1 李後主詞 破陣子之解釋

2 李後主與大小周后的愛情故事

3 李後主詞作欣賞

（1）浪淘沙

（2）虞美人

主持 錢佩卿

主講 羅秀珍

鳴謝

本書的書名「千古詞帝」及〈虞美人〉全詞書法，承蒙香港中文大學金耀基校長惠賜墨寶，榮幸之至。

饒宗頤文化館名譽館長陳萬雄博士，不時鼓勵我寫作出版，並為本書作序。

香港中文大學中文系張錦少教授提供寶貴意見，並為本書作序。

資深電台節目主持錢佩卿女士，製作聲音導讀。

謹致衷心感謝！

千古詞帝：李後主的生活與詞作

作者　羅秀珍

責任編輯　李詩怡
裝幀設計　高　林
排　　版　時　潔
印　　務　劉漢舉

出版　中華書局（香港）有限公司
香港北角英皇道 499 號北角工業大廈一樓 B
電話：（852）2137 2338　傳真：（852）2713 8202
電子郵件：info@chunghwabook.com.hk
網址：http://www.chunghwabook.com.hk

發行　香港聯合書刊物流有限公司
香港新界荃灣德士古道 220-248 號
荃灣工業中心 16 樓
電話：（852）2150 2100　傳真：（852）2407 3062
電子郵件：info@suplogistics.com.hk

版次　2025 年 7 月初版

規格　32 開（190mm×130mm）

ISBN　978-988-8913-84-8